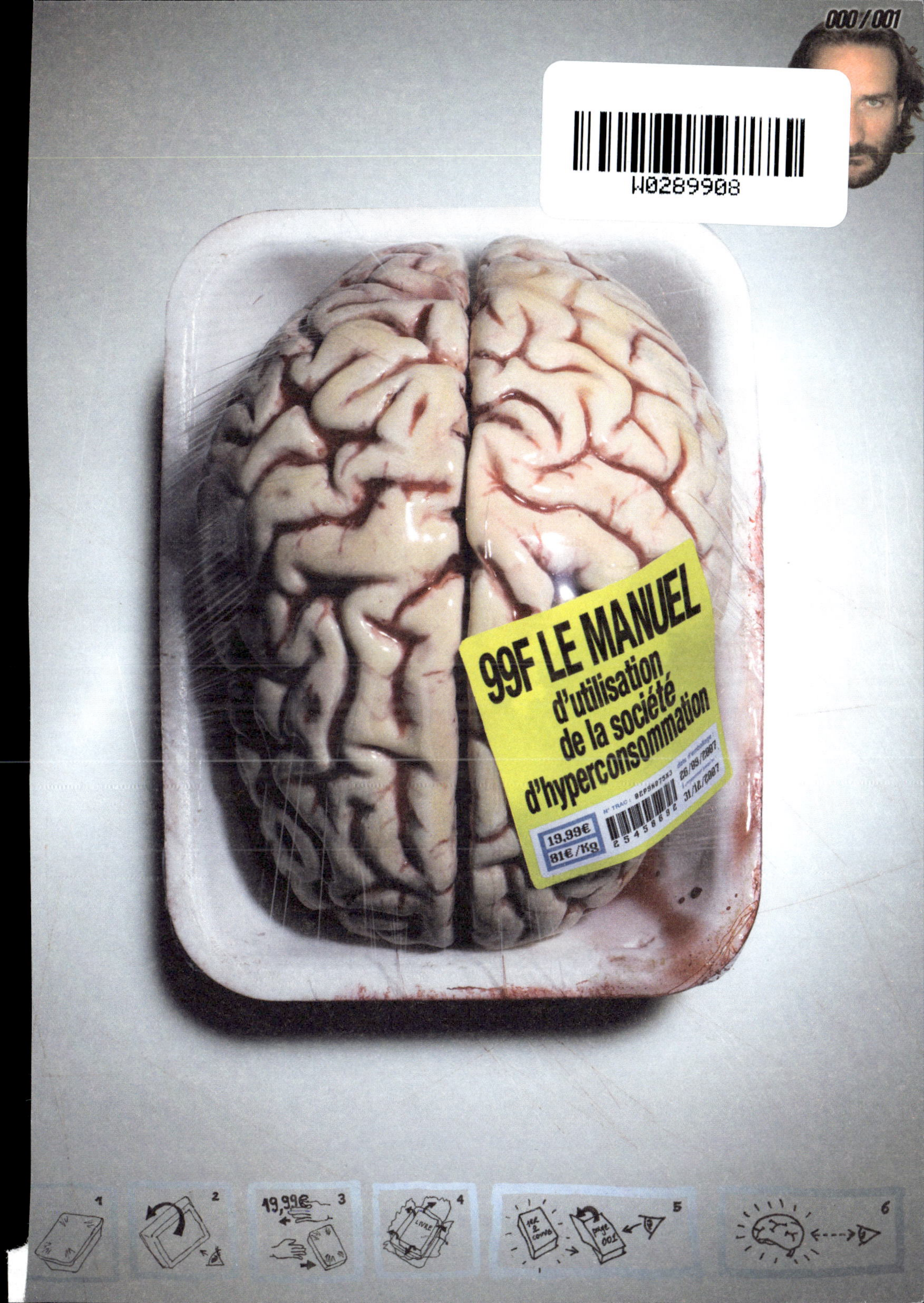
99F LE MANUEL
d'utilisation
de la société
d'hyperconsommation
19,99€
81€/Kg
1
2
19,99€ 3
4
LIVRE
5
6

Bonjour, ici l'auteur d'un roman intitulé *99 Francs*. Vous vous souvenez ? L'histoire d'un pubard qui a honte de son métier et cherche à se faire virer. Ce livre est sorti en l'an 2000, il a fait rire, sourire, grincer des dents, en visitant les coulisses d'une profession assez secrète et très puissante. Pourtant, sept ans après cette publication, peu de choses ont changé. Quelques courageux militants antipub ont barbouillé des affiches 4x3 dans l'indifférence générale. La police les a arrêtés, les tribunaux leur ont infligé des amendes, heureusement ils ont récidivé. Les journées sans achat, sans télé, sans prospectus organisées par nos amis de «Résistance à l'Agression Publicitaire» n'ont pas galvanisé les foules. Comment voulez-vous résister à la plus grande pression cérébrale ayant jamais existé (500 milliards de dollars annuels investis pour vous faire obéir) ? Certaines marques ont intégré le discours écologiste dans leur positionnement. C'est ainsi que l'on a pu voir des pubs pour des 4x4 protégeant la couche d'ozone ! Je suis fort marri d'avoir à effectuer ce triste constat : *99 Francs* est la preuve que la littérature ne sert à rien (c'est peut-être ce qui fait sa grandeur). Le cynisme continue de gouverner. Les dirigeants des grands groupes agroalimentaires mondiaux ont continué depuis l'an 2000 à organiser tranquillement le décervelage global, l'uniformisation des

cultures, la création de désirs artificiels, la destruction de l'environnement, le réchauffement climatique et la frustration de milliards d'êtres humains. Hourra ! La Terre va droit dans le mur, dans une ambiance de fête à NeuNeu mondialisée. Un film peut-il avoir plus d'impact qu'un livre ? Nous le saurons bientôt grâce au long-métrage sans concession de Jan Kounen. Attention : nous ne sommes pas là pour donner des leçons de morale. La publicité n'est pas l'ennemi, l'ennemi c'est nous : notre mollesse, notre égoïsme et notre goût du confort conduisent le monde à son apocalypse.

Ce manuel d'utilisation a été conçu pour vous éclairer sur le fonctionnement de la société de communication, ses pratiques, ses structures, ses préjugés, ses conséquences tragiques. Voici comment une infime minorité d'Occidentaux a réussi le plus formidable coup d'état de tous les temps : s'emparer d'une planète entière pour la mener vers le néant dans un grand éclat de rire sexy. Ce petit vade-mecum utilise les mêmes armes que l'adversaire - des images « glamour », des accroches « fun » et des photos « cool » - pour compléter le message du roman et du film *99 Francs* afin de clarifier les enjeux du 21e siècle. En priant très fort pour que celui-ci ne soit pas le dernier.

Frédéric Beigbeder

i wanted

to be an art

ist but i bec

came an ad

vertising co

oy writer ins

stead...

Konso
760062 463379

KФИSФ
012 / 013

Prenez et mangez-en tous,
livré pour

Vous me voyez et vous ne croyez pas. Tout ce que me donne le Père viendra à moi, et celui qui vient à moi, je ne le jetterai pas dehors ; car je suis descendu du ciel pour faire non pas ma volonté, mais la volonté de celui qui m'a envoyé. Or c'est la volonté de celui qui m'a envoyé que je ne perde rien de tout ce qu'il m'a donné, mais que je le ressucite au dernier jour. Oui, telle est la volonté de mon Père, que quiconque voit le Fils et croit en lui ait la vie éternelle, et je le ressuciterai au dernier jour. *Evangile selon Jean, 6, 30-40.*

** Jésus de Nazareth (0000 - 0033) - premier concepteur rédacteur de l'histoire*

car ceci est mon corps
vous !*
Best-seller mondial !
une histoire vraie ou fausse.

aimez-vous les uns
les autres
jesus

Dans la société telle qu'elle est organisée, la publicité est un métier partagé entre les impératifs économiques de l'entreprise et les caprices du consommateur.

Est considérée comme publicité, toute communication ayant comme but direct ou indirect de promouvoir la vente de produits ou de services quel que soit le lieu ou les moyens de communication mis en œuvre. Stratégie d'incitation à la consommation dont le but est de fixer l'attention d'une cible précise sur un objet et de lui faire adopter un comportement positif vis-à-vis de ce dernier. L'objet consommable peut être matériel ou immatériel. La publicité se distingue de la propagande par sa finalité commerciale. L'annonce publicitaire se compose de plusieurs éléments qui peuvent être visuels, écrits ou sonores : l'accroche (la phrase ou le jingle d'introduction), le visuel, le texte informatif (body copy), la marque, sa signature, son logo et la signature de l'agence de publicité.

recette pour une bonne campagne

préparation : 3 mois

pour : 2 700 000 personnes

cuisson : 7 semaines

la stratégie publicitaire
ses cibles, ses objectifs, ses contraintes

le message
son fond et sa forme

- la promesse : proposition concrète faite au consommateur
- la preuve : la caractéristique distinctive du produit
- le bénéfice consommateur : le « plus » apporté par l'utilisation du Produit, l'avantage suggéré
- le ton: les éléments du message visant à créer une atmosphère

le plan media
sélection et planning des médias

- la sélection : élimination des médias interdits, saturés ou inadaptés
- la cote : évaluation des médias possibles et choix d'un média de base en fonction du produit, des habitudes de la cible, du message et du coût
- étude et évaluation de différentes combinaisons possibles
- le nombre de passages, le rythme, et le déroulement dans le temps
- le budget

le lancement

le contrôle

L echange, le partage c'est notre philosophie

Aucun obstacle ne nous arrete

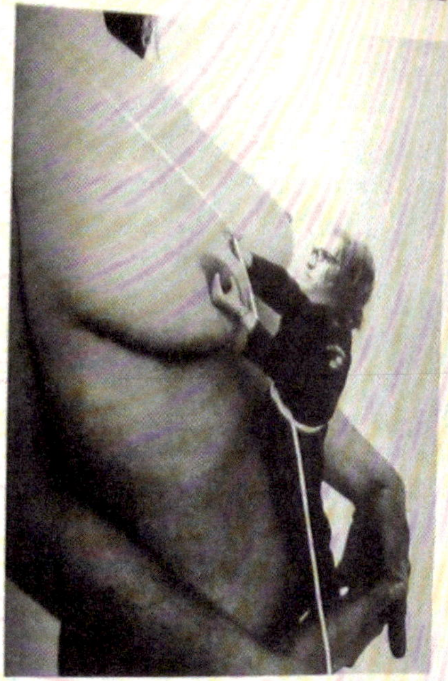

Comme tous les créatifs du monde, un DA consacre 89% de son emploi du temps professionnel à l'échange de photos de cul par internet.

La formation des jeunes est notre soucis quotidien

Nos créatifs savent se mettrent à la place de vos clientes

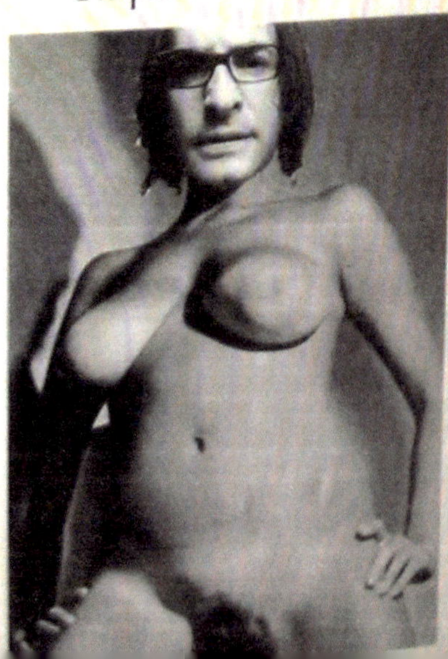

TAMARA FUCK!
TAMARA DICK GIRL
RUE
RUELLE SOMBRE

GLAMOU

le pays où vos désir

À moins d'une heure et demie de la réalité en jet privé, envolez-vous pour Glamourland ! Femmes nues et lascives, chevaux sauvages qui paissent en toute liberté et somptueux couchers de soleil... Idéal pour avoir trois modes d'avance et être partout. Vous décréterez ce qui est vrai, ce qui est beau, ce qui est bien ! Décidez aujourd'hui ce que tout le monde voudra demain. Normal, vous êtes le Roi d'un Monde qui n'existe pas.

FORMALITÉS : Book en cours de validité, passeport, cartes Amex, Infinite, Diner's, Gold, carte vitale pour taper.

VOYAGISTES : Omnicom Group, WPP Group, Interpublic Group, Publicis Group, Dentsu, Havas Advertising...

SE LOGER :
NEW YORK : Gramercy Park Hotel, 2 Lexington Avenue, New York NY 10010 (Tel : + 1 212 920 330)
Blotti dans le seul parc privé de New York, ce palace est un refuge de sérénité dans cette ville cosmopolite et animée. Riche de son charme désuet, le Gramercy Park Hotel est mythique : il abrita tout le gotha du cinéma hollywoodien en villégiature à New York. Des œuvres de Basquiat et Warhol célèbrent la rencontre de l'art et de l'art de vivre dans ce lieu unique à la vue non moins unique sur le Park. ***À PARTIR DE 250 €.***

LONDRES : Blakes Hotel, 33 Roland Gardens , SW7 London (Tel : + 44 0 20 73 70 67 01). Très populaire auprès des stars timides qui souhaitent rester anonymes, le Blakes Hotel est un bijou magique et sublime : les chambres aux motifs rouges vifs, noirs et blancs décorées par Anouska Hempel, luxuriance des accessoires et

JELAND

deviennent réalités

MÉMO
129 350 habitants pour la partie française
PNB : 461 milliards US $ dont 19 pour la partie française.
Devise : NE JAMAIS PRENDRE LES GENS POUR DES CONS MAIS NE JAMAIS OUBLIER QU'ILS LE SONT.
Emblème : La femme... presque offerte
Chef de l'État : Big Brother
Langue officielle : Plusieurs dialectes (pipo, blabla, bolo, bobo ...)
Monnaie : La part de marché
Constitution :

- un bon créatif ne s'adresse pas au consommateur mais aux 20 personnes susceptibles de l'embaucher
- la premiere idée est toujours la meilleure
- la pub est le seul métier où l'on est payé pour faire moins bien
- toujours arriver en retard aux réunions, un créatif à l'heure n'est pas crédible
- il faut parler le dernier et reprendre a son compte ce que les autres ont dit
- plus t'es payé cher, plus on t'écoute et moins tu parles, plus t'es important, plus il faut la fermer
- cultive l'absentéisme, un créatif n'a pas d'horaire, il a des délais
- ne jamais demander son avis à personne
- tout le monde fait le travail de la personne du dessus
- quand un autre créatif te montre une bonne annonce, surtout ne pas lui montrer que tu admires sa trouvaille

du mobilier, la suite La Comona avec ses chevaux Shuijo aux quatre coins des lits et ses poufs signés Louis Vuitton, le restaurant richement décoré par des ventilateurs aux pales en plumes d'oiseaux rares sans oublier « le Cigdum » (cocktail de gingembre, melon, saké et champagne) à déguster les yeux impérativement fermés. Ah ! Que la vie est courte au Blakes... ***À PARTIR DE 410** €*

TOKYO : Park Hyatt Tokyo, 3-7-1-2 Nishi Shinjuku, Shinjuku-ku, Tokyo, Japon 163-1055 (Tél : + 81 3 5322 1234). Situé en plein cœur de Shinjuku, quartier d'affaires et de divertissement parmi les plus trépidants de Tokyo, ce palace japonais jouit d'un emplacement idéal. Chapelle de mariage, salon de beauté, centre de remise en forme, douches Vichy, soins du visage, manucures, pédicures, bains à remous, saunas sec et humide, bassins d'eau froide, salle de sport, salle d'aérobic, piscine couverte, salles de relaxation, bibliothèque privée, quatre restaurants, trois bars sans oublier une vue à couper le souffle sur la ville et le parc Yoyogi... rien ne manque ici pour passer un moment inoubliable. Sofia Coppola y a d'ailleurs tourné son film *Lost in Translation*.
***À PARTIR DE 320** €*

Timotei Natural Style - 2005. **Créas :** Andrea Stillaci, Vincent Détré, L.Escoffier. **Agence :** J. Walter Thompson (France)

Sculpting Gel extra strong - 2005. **CR :** Matthew Barnes, **DA :** Thomas Cullinan. **Agence :** BBDO Johanesburg (Afrique du Sud)

Gel Petrole Hahn Style - Janvier 2005. **Créas :** François Lesaint, Fréderic Potteau, **DC :** Thomas Stern, Thierry Chantier. **Agence :** FCB Paris (France)

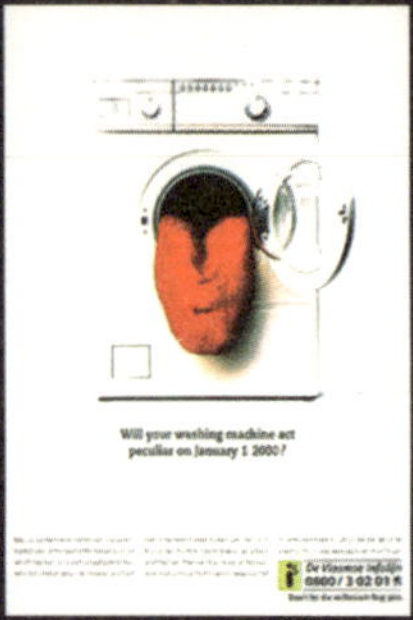

De Vlaamse Info-line - 2000. **DC :** Christophe Ghewy, Luc Libens. **DA :** Iwein Vandevyven, **CR :** Philip Vandenberghe. **Agence :** Libens Ghewy & Fauconnier (Belgium)

OMO Tablets - 2004 **DC :** Valmir Leite, Martin Juarez, Julio Andery. **DA :** Guilherme Nóbrega, **CR :** Michel Zveibil. **Agence :** Lowe (Brazil)

GasNatural - 2005. **DC :** Ferran Blanch, **CR :** Javi Ingles, **DA :** Manuel Padilla. **Agence :** TIEMPO BBDO (Spain)

Peugeot 406 - 1998. **Créas :** Arnold Goron, Remi Babinet, Stephane Renaudat, **Agence :** Euro RSCG BETC (France)

Pneus Firestone - 2001. **Créas :** Alfonso Ochoa, Carl Jones, Jose Luis Rosales, **Agence :** BBDO (Mexico)

Mercedes-Benz New Class E - 2002. **Créas :** Armin Jochum, Andreas Rell, Fabian Kirner, Raimund Nierderwieser, Nan Pohner, Tim Heutink, **Agence :** H2E HOEHNE HABANN ELSER (Germany)

Casa Mexico Restaurant - 2000. **DC :** Jose Trabucho, Susana Medeiros, Francisco Vasc. **DA :** Rogerio Serrasqueiro, **CR :** Marcello Dolabella. **Agence :** Publicis (Portugal)

Puebla Cafe Mexican Restaurant - 2004. **Créas :** Flavio Horacio, André Eppinghaus, Adriana Cury, Frederico Vegele. **Agence :** Ogilvy (Brasil)

Yucatan Restaurant - 2005. **DA :** Enio Kawahara, **CR :** Ricardo Donatello, **DC :** Augusto Moya, Sergio Valente. **Agence :** DDB (Brasil)

sources : joelapompe.net

L'original est mort,
vive la copie!
DESIGN CHRISTOPHER D. 2005
Ce monde meilleur est une marque déposée.™

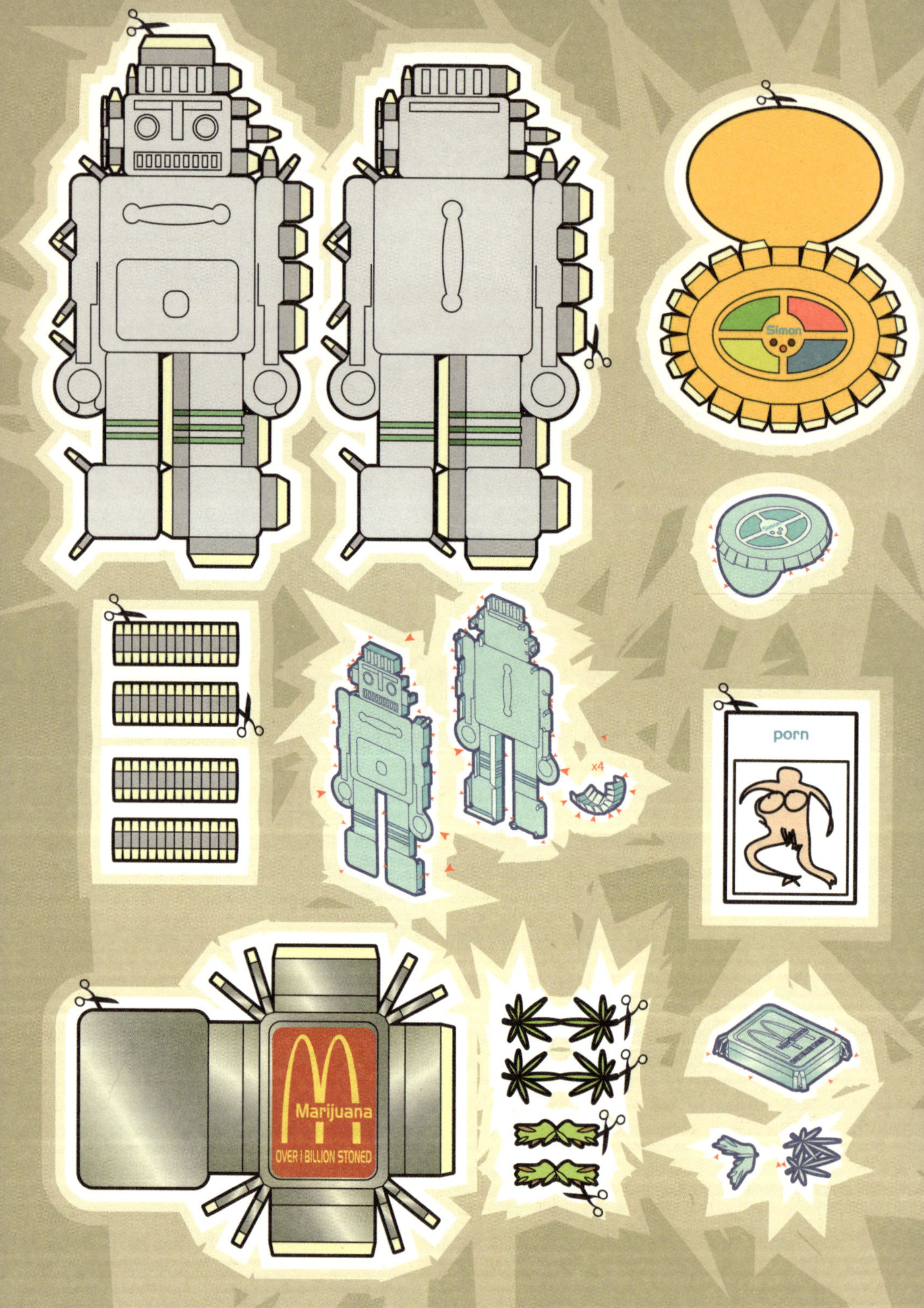
Simon
x4
porn
Marijuana
OVER 1 BILLION STONED

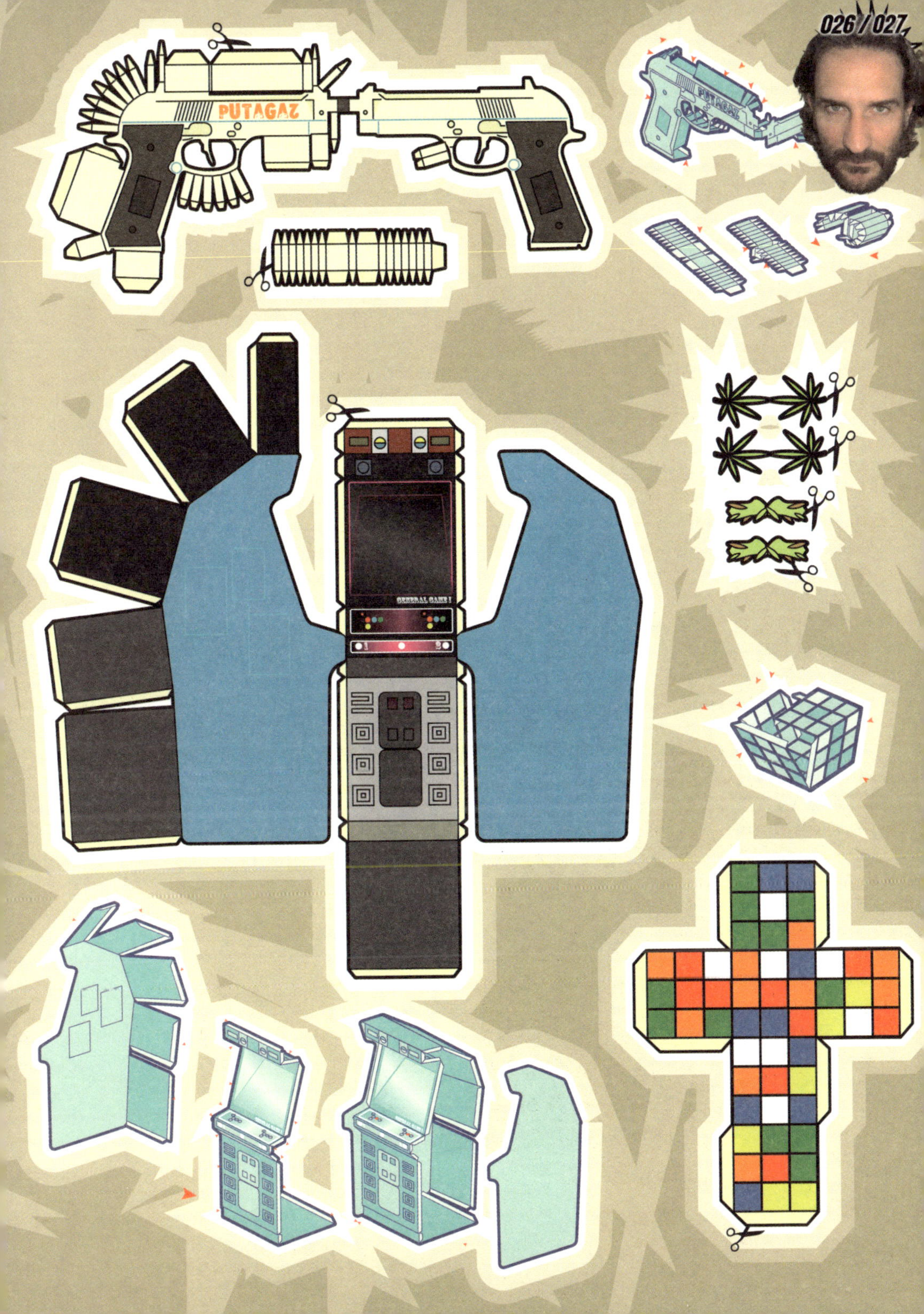
PUTAGAZ
PUTAGAZ
GENERAL GAME!

Le marketing nous mène à la baguette parce qu'on le veut bien ! Toutes les ficelles sont bonnes au pays du beau : humour, sexe, luxure, surenchère, jalousie...

La publicité est aux ordres de l'annonceur parce que l'annonceur est à nos ordres. Notre poil est brossé dans le bon sens et nos instincts généreusement flattés, parfois les plus bas, pas toujours. Nous devenons enfin ce que nous ne sommes pas : plus beaux, plus sportifs, plus courageux, plus puissants, plus généreux, plus amoureux et nous adorons ça !

PUTAGAZ
Marijuana
OVER 1 BILLION STONED

Paradoxalement, la publicité n'est pas là pour plaisanter. Un groupuscule d'enfants attardés au service d'un monde de grands qui ne rigolent pas et qui ne cessent de décrier sa vulgarité, ses recours vils, son amoralité, son manque de discernement et sa facilité...

Big Pine

bite

V.I.P.
CLUB
VIAGRA

la meilleure campagne,
c'est d'abord
la campagne que
personne ne verra

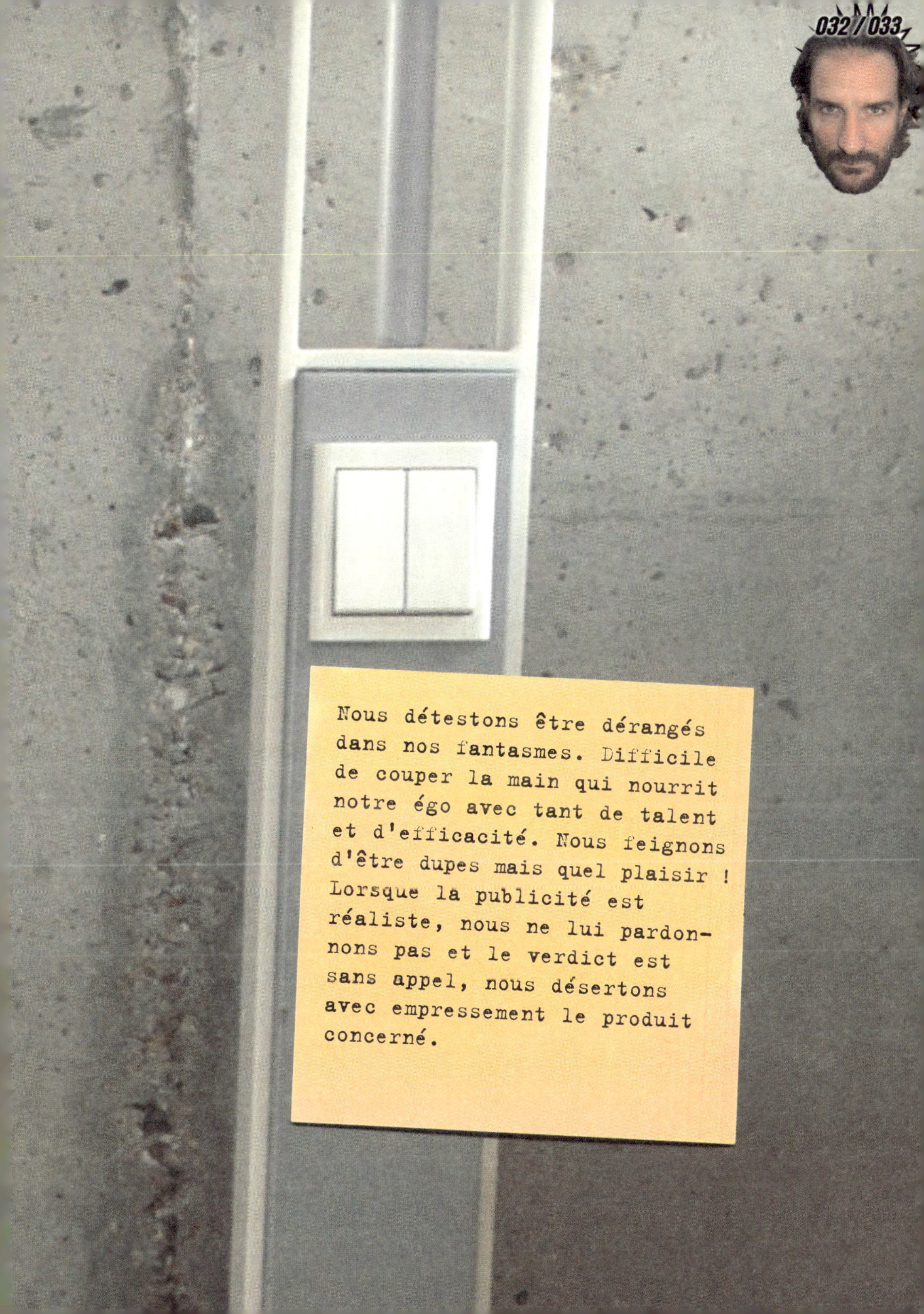

Nous détestons être dérangés dans nos fantasmes. Difficile de couper la main qui nourrit notre égo avec tant de talent et d'efficacité. Nous feignons d'être dupes mais quel plaisir ! Lorsque la publicité est réaliste, nous ne lui pardonnons pas et le verdict est sans appel, nous désertons avec empressement le produit concerné.

Brief client

Réflexion marketing

Pré-test

La créativité
sans stratégie
c'est de l'**Art**.

ÉCOUTEZ
VOS YEUX.

merveilleux docteur photoshop ou
le jeu des 791 erreurs

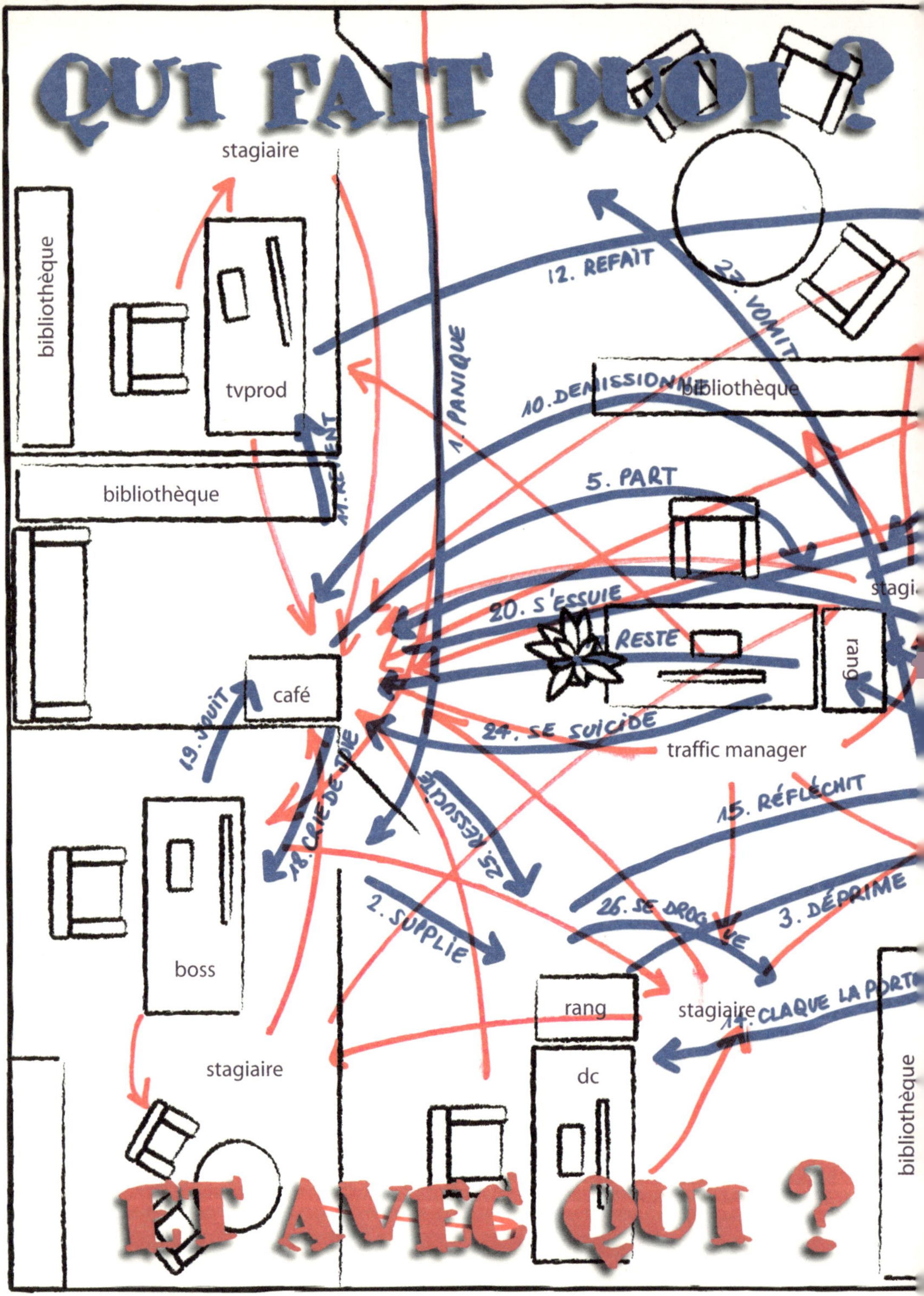

QUI FAIT QUOI ?
stagiaire
bibliothèque
tvprod
bibliothèque
12. REFAIT
23. VOMIT
10. DEMISSION
bibliothèque
1. PANIQUE
11. REVIENT
5. PART
20. S'ESSUIE
RESTE
rang
café
19. JOUIT
24. SE SUICIDE
traffic manager
18. CRIE DE JOIE
25. RESSUCITE
15. RÉFLÉCHIT
boss
2. SUPPLIE
26. SE DROGUE
3. DÉPRIME
rang
stagiaire
14. CLAQUE LA PORT
stagiaire
dc
bibliothèque
ET AVEC QUI ?

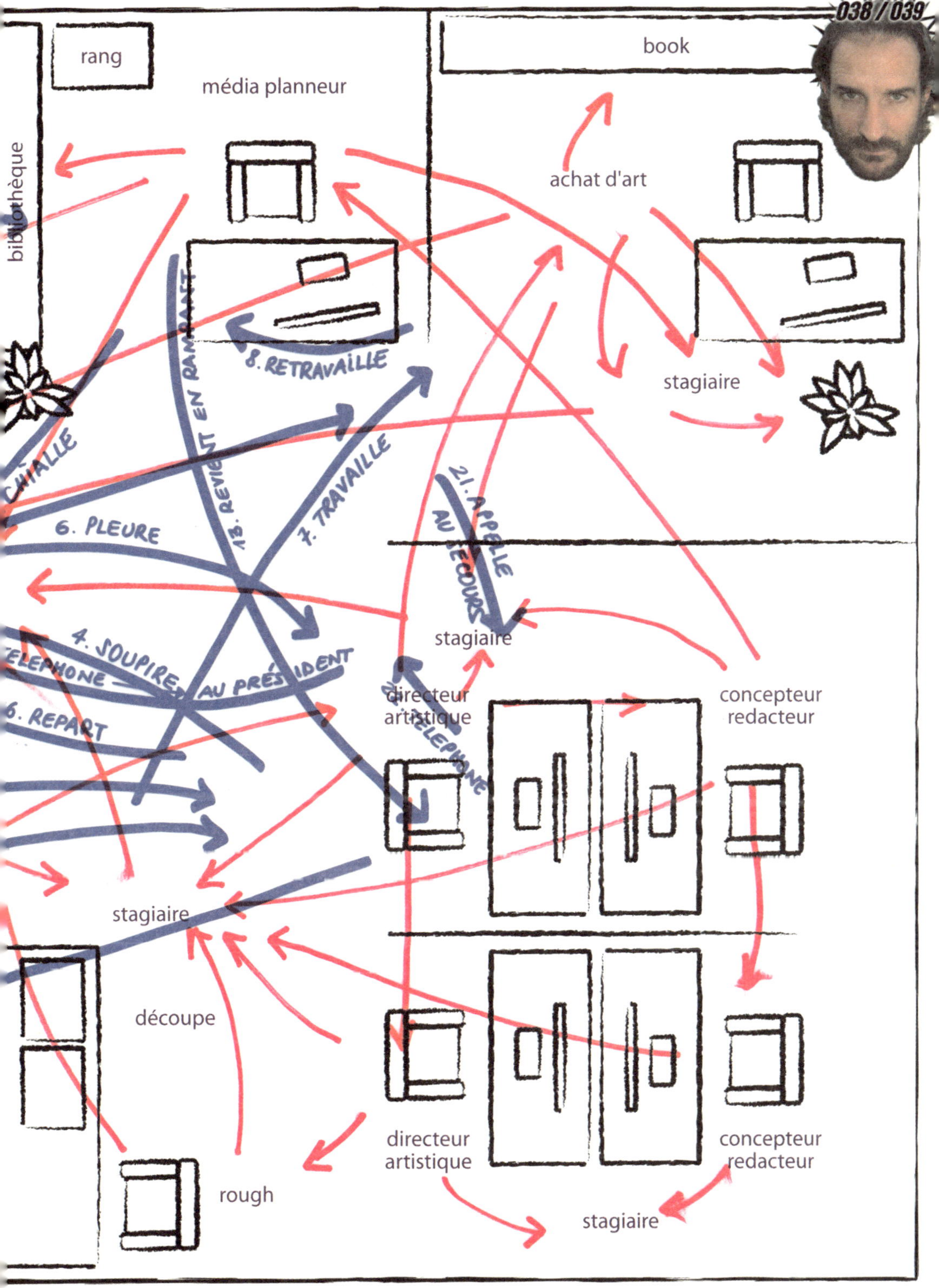
rang
bibliothèque
média planneur
book
achat d'art
stagiaire
8. RETRAVAILLE
13. REVIENT EN RAMPANT
7. TRAVAILLE
CHIALLE
6. PLEURE
21. APPELLE AU SECOURS
stagiaire
4. SOUPIRE
ELEPHONE
AU PRÉSIDENT
6. REPART
directeur artistique
concepteur redacteur
stagiaire
découpe
directeur artistique
concepteur redacteur
rough
stagiaire

INT. AGENCE - JOUR

Jef rentre stressé dans le bureau d'Octave

JEF (COMMERCIAL)

Tout ce qui va être dit ici est confidentiel, c'est une réunion de crise. Faut voir le réachat mais je suis inquiet des rotations, un concurrent lance un me-too avec une grosse campagne, et ils ont bien l'intention de nous piquer des parts de marchés... C'est un secteur encombré ! La brand-review a montré qu'il fallait miser sur le double-insight : beauté + santé...

OCTAVE (CONCEPTEUR - REDACTEUR)

(serein, se roulant un pétard)

On a un concept fédérateur qui colle à la copy-strat et qui permet de donner un maximum d'impact à la promesse produit, notamment le code visuel...

JEF

(il attaque son troisième doigt)

Je rappelle que je suis en go/no go sur ce truc-là, il faut déstocker en linéaire, c'est impératif, il faut focuser notre cible et penser tête de gondole ! Et puis, il est ou le key visual ici ? Vos idées créatives, c'est bien joli, mais le client, c'est un industriel, il a besoin de quelque chose qui se décline en PLV ! Excuse-moi, mais " minceur et intelligence " comme unique " selling proposition ", ça se pose là ! Y'a un créneau pour que je vous débriefe ou c'est overbooké ?

OCTAVE

(serein, collant son pétard)
Charlie est a l'achat d'art, repasse plutôt en fin d'après-midi... je fais les bodys en attendant.

JEF

(nerveux, tendant son briquet)
Pour la pré-prod-meeting, j'ai pas de nouvelles de la cost-controleuse ni de la tv-prod...

OCTAVE

(serein, allumant son pétard)
Les modifs ont été faites par rapport à la réunion du 12, on attend d'autres castings et Enrique approuve la reco-agence... la mannequine exceptionnelle filmée par hasard, on fait un call-back demain...

JEF

(il resserre sa cravate)
Ok... on a devisé la paint-box ? et le montage ? je ne te greenlighte pas tant que c'est pas métal.

OCTAVE

(il fronce les sourcils)
On va timer les plans, ça va être hyper-cut...

JEF

(il fait les cent pas)
Il faut que ce soit un produit auquel on ne résiste pas ! Je vous rappelle qu'on pré-teste le film avant l'antenne. Si les études ne sont pas formelles là-dessus, on trappe le film...

timer les plans

hyper-cut

trapper le film

preprodmeeting

réachat

me too

body copie

copy strat

double insight

PLV

saut créatif

promesse produit

overbooking

global market

brainstorming

selling proposition

TIMER LES PLANS : combien dure chaque plan ?

HYPER-CUT : montage rapide et efficace

TRAPPER LE FILM : le film n'est pas diffusé

CALL-BACK : on refait une réunion rapide et inutile

DEVISER PAINT BOX : combien coûtent les retouches ?

COST CONTRÔLEUSE : elle contrôle tout ce qui coûte de l'argent

PREPRODMEETING : réunion d'avant tournage

MODIFS : modifications à apporter suite à la présentation au client

TV-PROD : personne intégrée a l'agence qui organise le tournage du film

RECO-AGENCE : on vous conseille ça mais vous faites comme vous voulez, l'important c'est qu'on chope le budg

STRATEGIC ADVERTISING COMMITTEE : réunion au sommet sur la stratégie a adopter

BODY COPIE : petit texte descriptif qui accompagne le titre, le slogan ...

RÉACHAT : acheter une fois bien, deux fois c'est mieux !

ME TOO : produit conçu à partir des caractéristiques d'un produit concurrent et leader sur son marché

BÉNÉFICE CONSO : le plus produit, ce que le client gagne à acheter le produit

BRAND REVIEW : études sur la marque

DOUBLE INSIGHT : double bénéfice conso, double plus produit

deviser paint box cost

call-back

controleu

modifs

tv-prod

reco-agence

stratégic advertising committee

bénéfice conso

brand review

go/no go

destocker en linéaire

brief

débriefe

key visual

spamming

achat d'art

brainwash

greenlighter

COPY STRAT : c'est la proposition stratégique de l'agence à son client

PROMESSE PRODUIT : bénéfice conso, plus produit

GLOBAL MARKET : le marché dans son ensemble

GO/NO GO : c'est oui ou c'est non, on y va ou on n'y va pas

BOGO : *buy one, get one*, un offert pour un acheté

DESTOCKER EN LINÉAIRE : vendre en magasin !

KEY VISUAL : point d'hypnose visuelle sur le produit

PLV : publicité sur le lieu de vente, le présentoir

SAUT CRÉATIF : rebond entre l'accroche et le visuel

SELLING PROPOSITION : l'argument de vente du produit

BRIEF : cahier des charges de la campagne

DÉBRIEF : compte rendu de réunion

SPAMMING : envoi en masse de mails publicitaires

ACHAT D'ART : choix et coordination de tous les intervenants artistiques nécessaires à la fabrication d'une publicité

OVERBOOKING : débordement de travail…

ÊTRE CHARRETTE : faire des heures sup' !

GREENLIGHTER : t'as le feu vert !

BRAINSTORMING : salade d'idées

BRAINWASH : lavage de cerveau

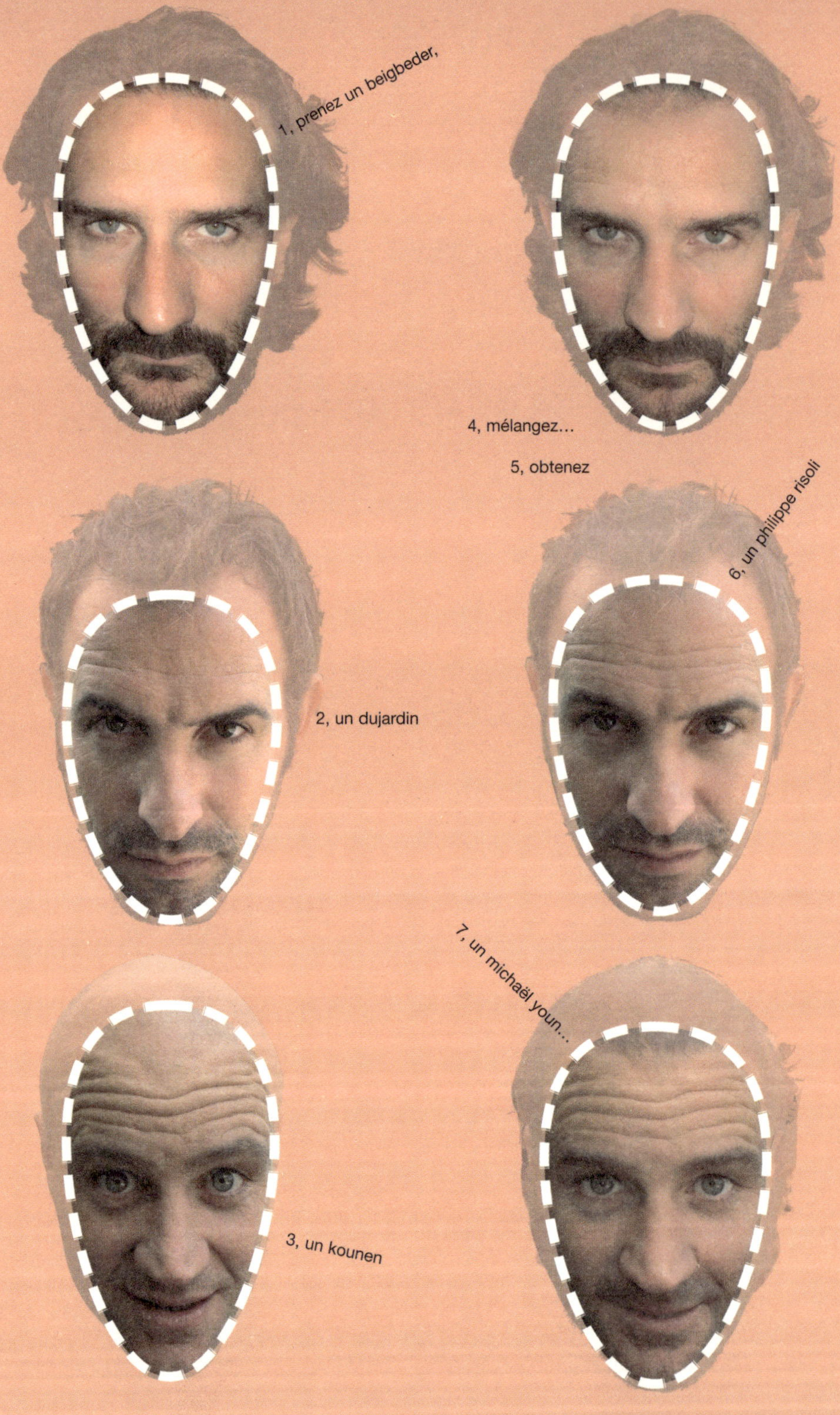
1, prenez un beigbeder,
2, un dujardin
3, un kounen
4, mélangez…
5, obtenez
6, un philippe risoli
7, un michaël youn…

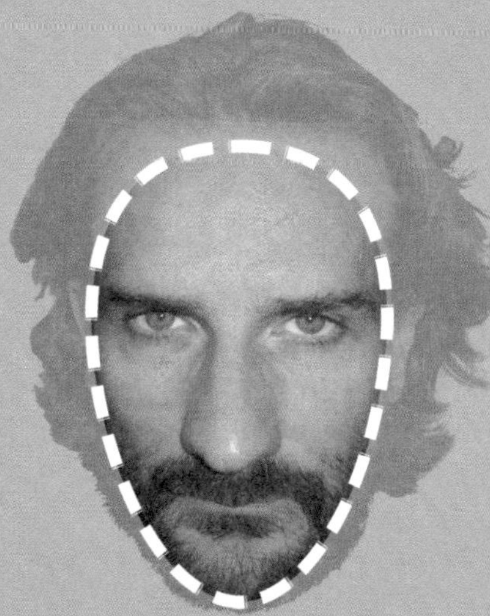

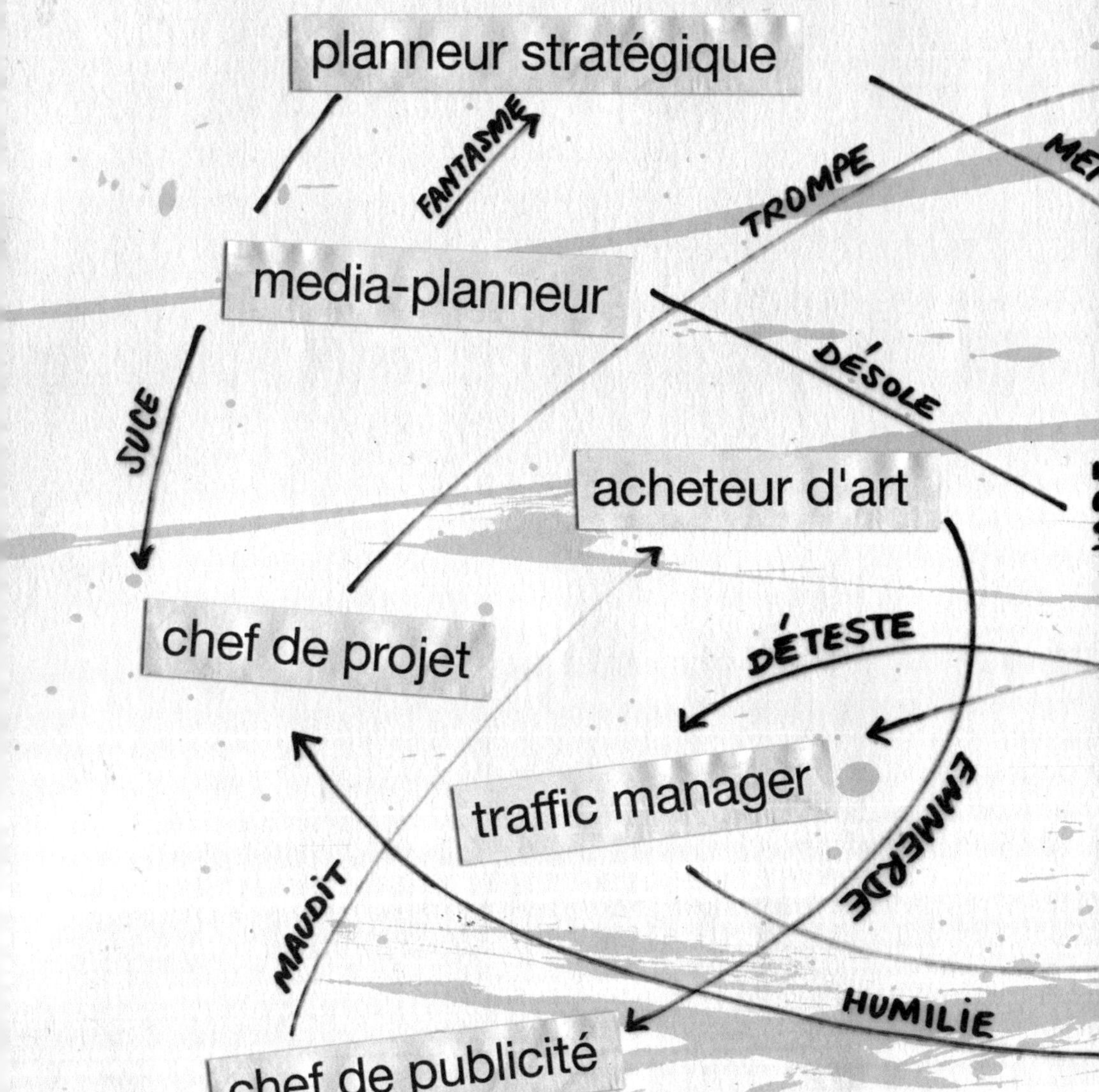

PLANNEUR STRATÉGIQUE : en charge de la stratégie d'une marque et de son orientation créative, à l'affût des tendances pour donner les clés d'accès aux créatifs. ***Salaire : de 18 300 à 76 200 € bruts par an.***

CONCEPTEUR-RÉDACTEUR : trouve le concept et l'idée générale d'une campagne de publicité et écrit les accroches, les bodys (texte court accompagnant l'accroche) et la signature de la marque. ***Salaire : de 52 400 à 88 800 € bruts par an.***

CHEF DE PROJET : contrôle le bon déroulement du développement d'une campagne publicitaire. ***Salaire : 32 000 € bruts par an.***

DIRECTEUR ARTISTIQUE : met en forme une campagne à partir d'un brief et selon le choix du support. Il travaille en team avec le concepteur-rédacteur afin d'articuler les visuels et les textes. ***Salaire : de 25 400 à 78 800 € bruts par an.***

DIRECTEUR DE CRÉATION : supervise le travail du directeur artistique et du concepteur-rédacteur. C'est le manager responsable des équipes créatives, son rôle est aussi d'assurer l'interface client avec les créatifs en charge de l'élaboration de la campagne publicitaire. ***Salaire : 118 000 € bruts par an.***

CHEF DE PUBLICITÉ : commercial ; il joue le rôle d'interface entre l'agence, le client et les médias. ***Salaire : de 18 000 à 36 000 € bruts par an.***

MEDIA-PLANNEUR : analyse et sélectionne les médias les plus appropriés et les plus percutants selon la cible définie. ***Salaire : 26 000 € bruts par an.***

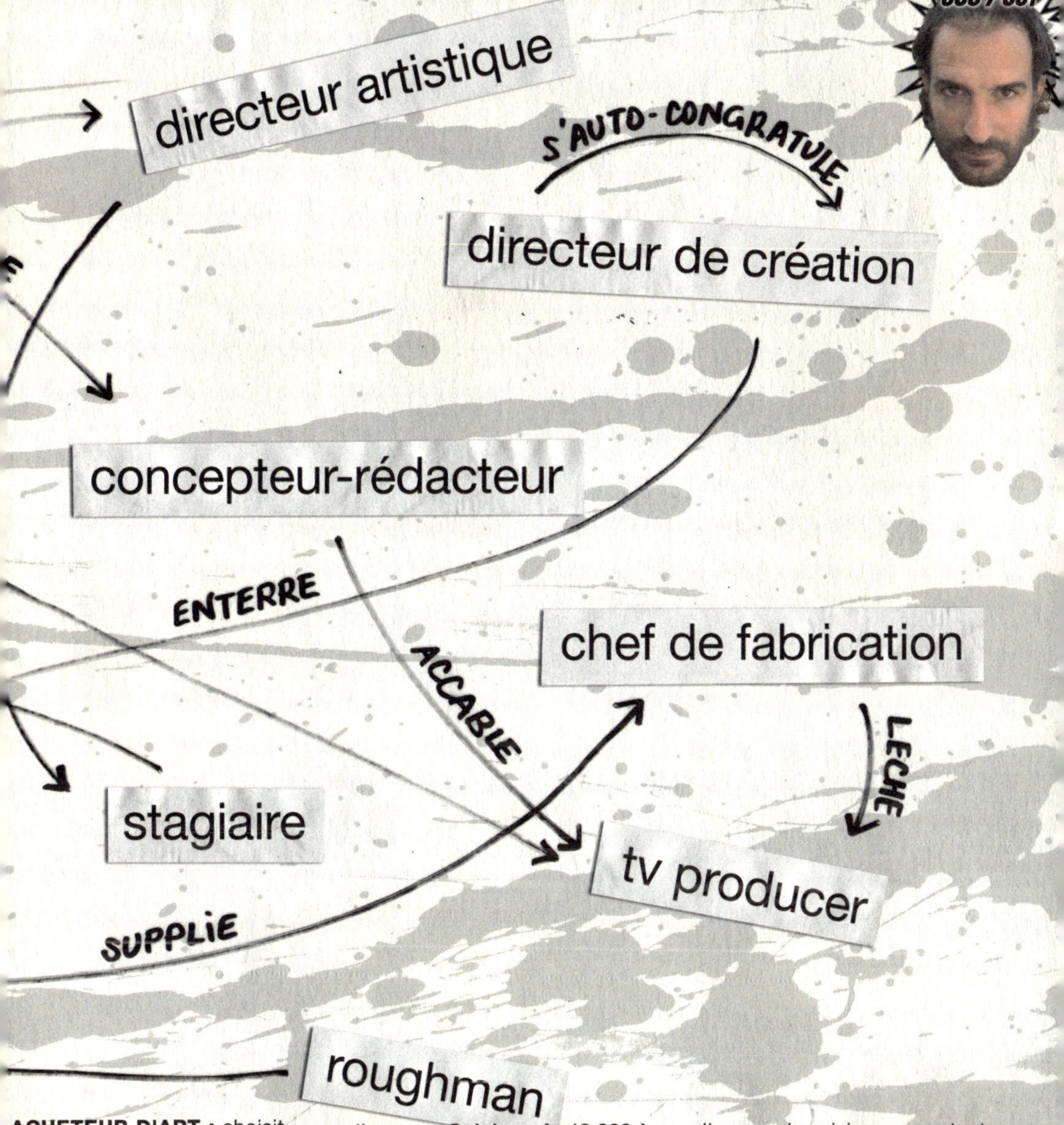

ACHETEUR D'ART : choisit les intervenants nécessaires à la confection d'une affiche, d'une image ou d'une photo. Il recrute donc le photographe, l'illustrateur, les coiffeurs, les maquilleurs, les comédiens, mannequins, stylistes, roughmen… et trouve tous les objets qui seront nécessaires aux différents stades de la réalisation de la publicité. ***Salaire : 42 300 € bruts par an.***

TRAFFIC MANAGER : doté d'une grande organisation, il est la courroie de transmission qui coordonne les différents services de l'agence. ***Salaire : de 18 000 à 36 000 € bruts par an.***

CHEF DE FABRICATION : assure la production imprimée des documents qui lui sont confiés, soit directement auprès d'un client, soit pour le compte d'une équipe commerciale de l'entreprise ou d'une agence. ***Salaire : 34 000 € bruts par an.***

TV PRODUCER : analyse, pour la réalisation d'un film publicitaire, la demande du client, et recherche les différents prestataires, met en place le planning de réalisation. Il assure le suivi en respectant le cahier des charges et les délais. ***Salaire : 40 000 € bruts par an.***

ROUGHMAN : À partir des instructions du directeur artistique et du concepteur-rédacteur, il réalise les roughs, c'est-à-dire les esquisses dessinées du spot ou de l'annonce qui seront présentées au client. ***Salaire : 220 € bruts le feuillet A4.***

STAGIAIRE : fait le travail de tout le monde, dans le but de coucher avec tout le monde ***Salaire : 300 €***

casting

S'il faut de tout pour faire un monde, il faut surtout beaucoup de monde pour faire une jolie fille… Prenez un peu d'Emeraude, ajoutez un soupçon de Tifenn, un chouia de Célini, un rien d'Olivia, quelque chose de Julie sans oublier un détail de Pascale et vous obtenez une sublime Tania, prête à déguster un yaourt aux effets insoupçonnés ...

emeraude silhouette

tifenn yeux

Celini pieds

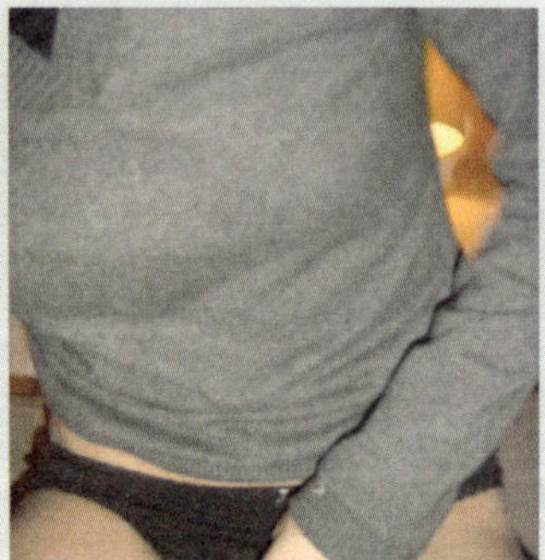

Olivia buste

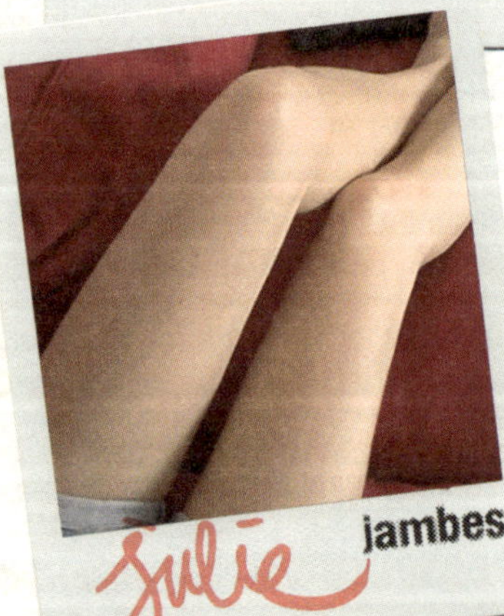

Julie jambes

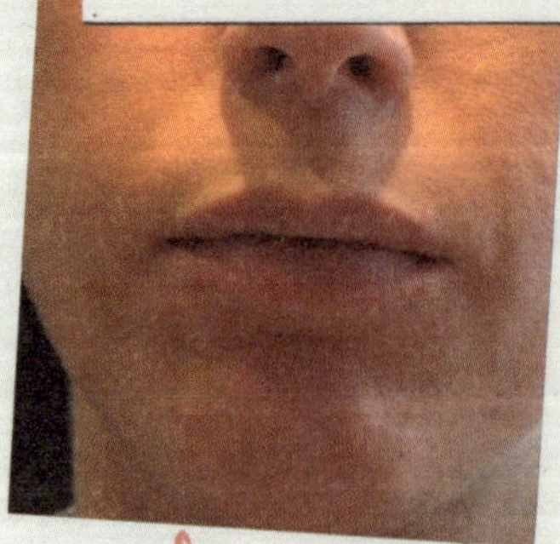

pascale bouche

une jeune femme entre dans sa cuisine

elle ouvre son réfrigérateur

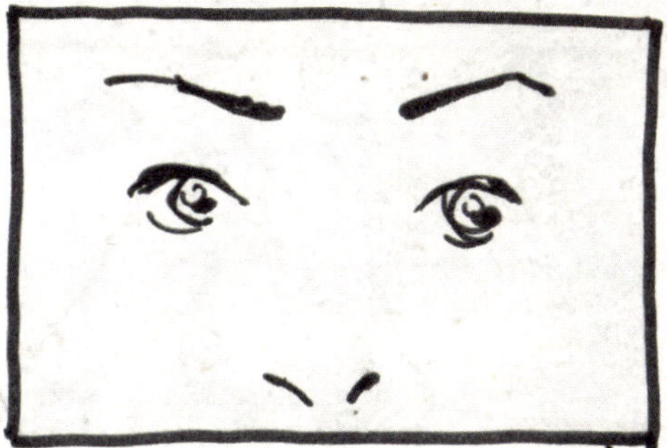

d'un regard, elle cherche un yaourt

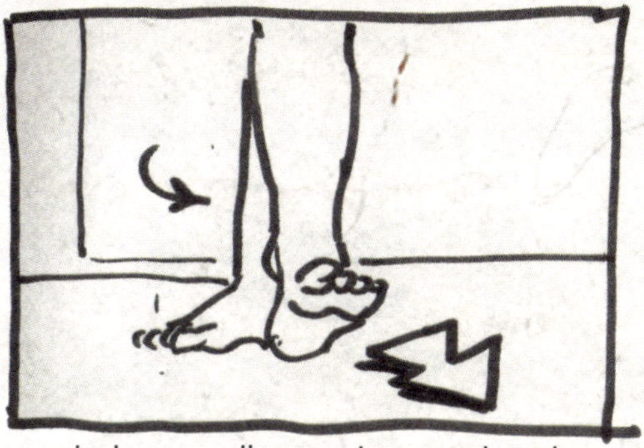

pieds nus, elle se retourne et part

elle mange son yaourt

elle va s'asseoir sur son canapé

gros plan, elle déguste son yaourt

En tournant *99 francs*, j'avais parfois l'impression de dériver vers une loufoquerie parodique, de m'éloigner dans un monde drôlatique et créatif loin de toute vérité. Souvent dans ces moments là, j'étais rattrapé par le sentiment contraire, celui, en fait, d'être en dessous de la réalité. Par exemple, lorsque nous filmions la séquence du « tournage » de la pub starlight, arrivé au packshot*, je n'ai pas réussi à retrouver le surréalisme de la vraie scène que j'avais vécu quelques mois auparavant pendant le tournage d'une vraie publicité pour un chewing gum.

(fondu enchaîné sur mon visage / effet de vagues / flash back...)

Dans la gare de Buenos Aires, censée être une gare parisienne**, nous nous étions installés pour filmer une bande de jeunes découvrant les joies d'un nouveau chewing gum au cœur liquide remplit de saveur. Je m'amusais après des années sans avoir tourné de film publicitaire. En faire un, tout en mettant la dernière touche au scénario de *99 francs*, le soir dans ma chambre d'hôtel, était assez cocasse. J'étais heureux de découvrir l'Argentine, j'avais profité du tournage pour faire une escapade en voiture jusqu'à la frontière chilienne. Je pense que je retournerai un jour en Argentine faire un film ; les techniciens sont bons, les gens agréables, les paysages sublimes.

De la même manière que la découverte du Mexique pendant le tournage d'une pub m'avait ensuite ramené là-bas pour tourner Blueberry, j'étais détendu et je m'amusais dans cette gare. Je voyais le chariot de l'accessoiriste. Une véritable table roulante de dentiste. Des petits scalpels cuillère, des chewing gum coupés en deux avec différents cœurs liquides. Je me disais que je ferais ce chariot dans *99 francs* avec plein de yaourts dessus et que mon accéssoiriste aurait une blouse blanche, que je casterais un sosie de je sais plus qui dans Marathon man***.

Le moment du plan de dégustation arriva et me ramena assez vite à la réalité publicitaire. Après quelques prises de vue où le comédien, un sympatique beau gosse, plaçait dans sa bouche souriante le chewing gum, il ouvrait un peu plus les yeux, et son sourire augmentait. Il est toujours difficile pour un réalisateur d'innover avec le plan du bénéfice produit, du plan de la dégustation. C'est d'ailleurs assez drôle, dès que ce plan arrive, vous sentez derrière vous une tension palpable. En fait ce n'était plus très drôle, j'essayais de l'aider à ne pas trop en faire, mais j'étais en train de me souvenir, du mauvais côté de la pub alimentaire, sous couvert d'un petit board sympa : « une bande de jeune bouffe des dragées qui leur donne des visions psychédéliques, le chewing-gum devient lsd ! » l'on finit par faire un plan de dégustation et d'un point de vue créatif, tout s'effondre donc aussitôt. Ça avait le mérite de me rappeler ce que j'étais en train de faire et me poussait vers une douce schizophrénie.

table de dentiste
Valeur du plan

Arrivé au degré maximum de ce que je pouvais faire pour aider le comédien, après une quinzaine de prises, le client voulait qu'il en fasse plus, que l'on sente plus - GIVE ME MORE !!! - ce film régressait au langage du mauvais cinéma muet, il était donc temps de quitter la scène.

Très gentiment, je plante tout le monde sur place (pourquoi se fâcher ?). Je leur explique la réalité de la situation, la scène dépasse mes compétences de réalisateur, le comédien devient mécanique, pour ne pas dire flippé, bref les premières prises resteront les meilleures. S'ils veulent continuer, je n'y vois personnellement aucun problème, je dis que c'est leur plan, qu'ils fassent ce qu'il veulent, je reviens dans une demi heure pour la suite du film.

Je m'éloigne.

En fait avant de m'éloigner, je reviens à la réalité. C'est à dire que, quittant le plan qui occupe mon attention, je me retrouve où je suis vraiment, dans une gare.

À l'intérieur d'un cercle formé par des barrières métalliques. Une sorte de plateau de tournage organisé au centre du hall de la grande gare de Buenos Aires. De plus, c'est l'heure de pointe. Du monde partout. Je suis dans une sorte d'arène, Les badauds sont agglutinés sur la barricade. C'est la cour des miracles. Je quitte la scène et sors dans la rue. Je reviens au monde.

Goûtant au surréalisme de la situation, je vais boire un café dans un bistrot. Un instant, je suis de retour à Buenos Aires.

Retour dans la gare. Au centre c'est le délire. Un amoncellement de gens, les projos, illuminent le centre de la gare, vu de loin, l'on est en droit de penser : « whaaaooo, chouette un tournage, ce doit être un gros film américain ! le nouveau James bond ? vite allons voir ! » Je m'approche lentement et me glisse parmi les curieux. Arrivé au premier rang j'observe le cirque avec les locaux. À côté de moi un simple d'esprit crie en boucle le nom de Maradona en levant les bras, de l'autre côté de la barrière, personne n'y prête attention. L'équipe, une trentaine de personnes, avec de grosses caméras, semble filmer un visage. C'est étrange car il a la main posé sur un bras magique****. En fait, ce n'est pas son visage que ces gens filment, mais un petit chewing gum coupé en deux, qu'il tient.

L'équipe avait enchaîné pendant mon absence un autre plan fondamental, le plan produit.

Tout ça pour ça.

Fin du flash back / retour sur le tournage de *99 francs*.

Voilà, j'étais en train de mettre en place le long plan séquence qui allait nous faire traverser le studio. La caméra suit l'accessoiriste (qui d'ailleurs n'a pas du tout la tête de Laurence Olivier) et nous amène jusqu'au pot de Yaourt Starlight.

Je savais que je n'avais aucune chance de retrouver le surréalisme de la scène que j'avais vécu a Buenos Aires.

La réalité dépasse la fiction.

Voilà le début de la page de scénario que m'avait inspiré l'aventure argentine…

EXTÉRIEUR JOUR JARDIN DE LA VILLA.

Tous les techniciens sont affairés, beaucoup de lumière, une grosse installation. La caméra s'approche pour découvrir que toute cette lumière est destinée à un pot de yaourt posé faussement nonchalamment sur la table. Octave est partout, il a pris les rênes du film. Il va voir un souci de lumière avec le chef op, puis vérifie le maquillage de la main de Tamara, etc. Impressionnant.

OCTAVE (OFF)

Voila, le plan le plus important d'un film de pub,

le pack-shot, en français le plan du produit.

Des heures d'éclairage, l'Éverest de la branlette.

Etc.

Jan Kounen

* *le plan du produit*

** *vous devez peut-être penser pourquoi ne pas avoir tourné à Paris ? C'est simplement une question d'argent. Tout comme le textile, le cinéma et la pub délocalisent pour des questions de coût.*

*** Marathon Man *: film de John Schlesinger, avec Dustin Hoffman, Laurence Olivier…*

**** *le bras magique est un pied servant à soutenir un objet qui ne doit pas bouger pendant le plan, et qui doit être placé de manière précise.*

Les pubards (ou pubeux) vivent en ils aiment l'image, les

DA (directeur artistique)

Sobres, ses vêtements restent finalement pour lui la meilleure solution pour ne pas être à poil, privilégie le sans marque, au pire Carhartt et Homecore (panoplie interchangeable avec le CR selon les personnalités).

CR (concepteur redacteur)

Plus fashion, plus glamour, plus léger, plus tendance, attaché au sens donc aux matières (panoplie également en vogue chez les DA selon les personnalités)

DC (directeur de création)

Ne prend surtout aucun risque vestimentaire, ne supporterait pas que l'on puisse penser de lui qu'il fait une faute de goût quelconque, ça l'achèverait... donc, du classique sobre, qui a fait ses preuves, mélange de côté sud et du *Figaro Magazine*, dandy sur le retour...

autarcie, en général dans des capitales, images et ils soignent la leur.

chef de produit client

Assis entre deux chaises, aimerait bien être un peu + créatif dans son look mais c'est pas ça, coincé entre celio et zara.

directeur commercial client

Son salaire lui permet d'éviter les trop grosses fautes de goût mais ça manque de naturel, il se veut sobre et chic, comme ses collègues de la finance.

je vais pénétrer votre cerveau

votre désir ne vous appartient plus

Au même titre que la religion, la télévision ou les drogues, la publicité n'est jamais qu'une manipulation mentale, aujourd'hui consentie par tous.
Qui ne rêverait pas, même momentanément, d'un monde meilleur ? Qui ne rêverait pas d'être plus beau, plus riche, plus intelligent, plus drôle, plus sexy et en meilleure santé ?

personne ne souhaite votre bonheur parce que les gens heureux ne consomment pas

je ne suis jamais malheureuse quand je fais payer

moi, c'est contraire : je te paye pour ne pas être malheureux " ....

SOURIEZ, VOUS
ÊTES CIBLÉ

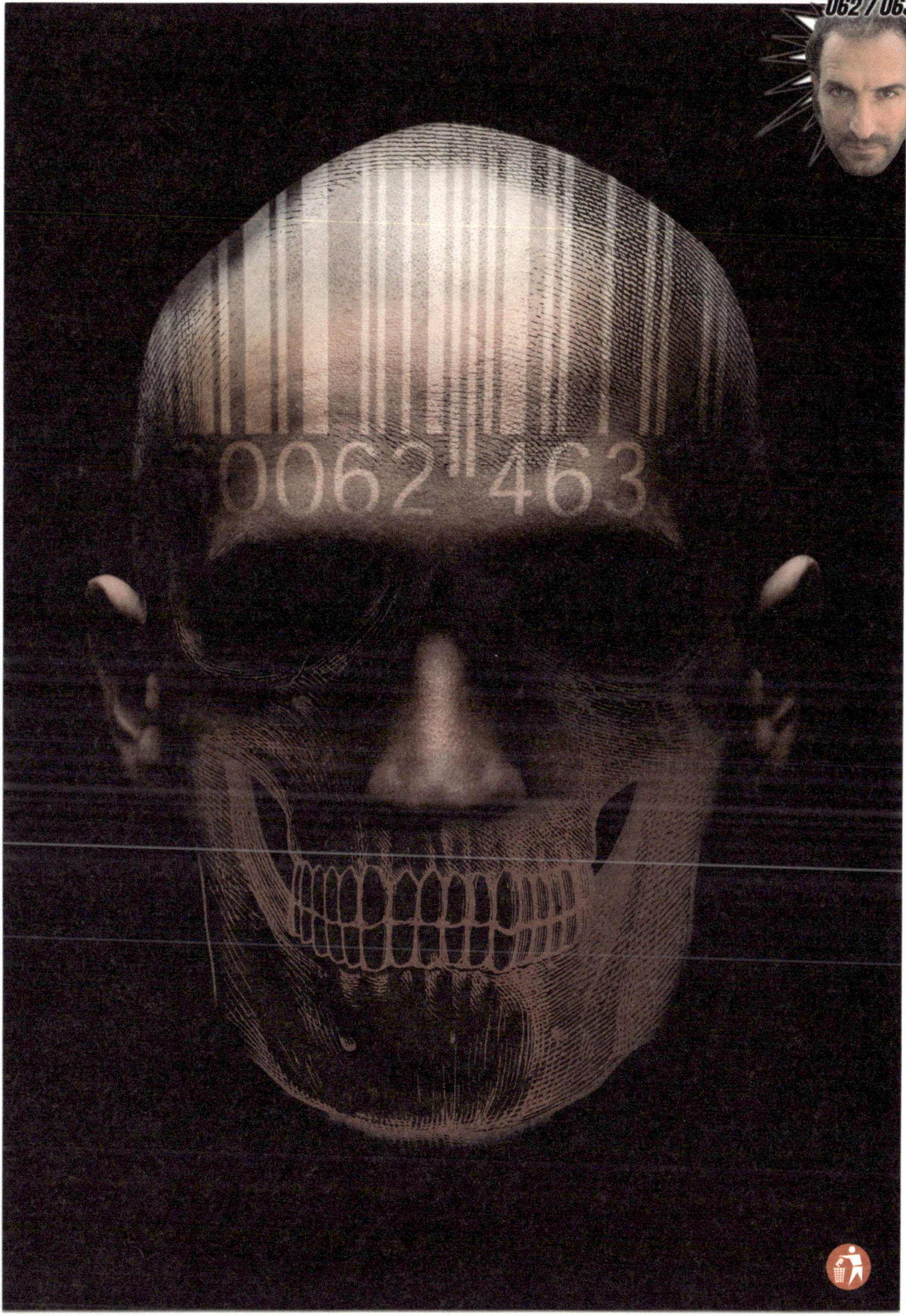
0062 463

les dread locks, les vêtements trop grands, le street-wear, le skate, le baladeur mp3, le décor urbain, les tags, les couleurs vives, la dérision, le vocabulaire simple, rapide et définitif, du graphisme, de la bande-dessinée, du surréalisme, des cadeaux, du marginal, une notion de bande, de l'amitié, la photo brute sans retouche, un black ou un asiatique, la console de jeux, un ou deux instruments de musique, la boite de pizza, une soucoupe volante, des directives claires, des casquettes, l'air blasé, du sexe... **À ÉVITER :** un sourire, l'environnement bourgeois, l'ostentatoire...

un pull sur les épaules, du statut, une jeune femme discrete habillée en noir, la décoration dépouillée, des matériaux nobles, l'allée en gravier, de la sérénité, du dépouillement, de la sobriété, de la décontraction confiante, une notion de maîtrise, de la technologie, de la nostalgie paternaliste, le canapé en cuir, le parquet, de l'évasion, de la compétence, de l'immeuble en pierre de taille, un ordinateur portable, un journal plié déjà lu, la cravate dénouée, le costume à rayures, du minimalisme, la serviette en cuir, une performance… **À ÉVITER :** l'humour, l'impératif, les couleurs vives, les groupes, les jeunes, la confusion ...

la barbe de trois jours, les cheveux en vrac, le subtile mélange de nostalgie, de tradition et de modernité, de l'adolescence latente, la nappe à carreaux, la table bistrot, la poussette dernier-cri, du ludique, des baskets à chier, de l'insouciance, un maxi vinyl… **À ÉVITER :** le statut social, le luxe, l'environnement bourgeois, la banlieue...

deux enfants, le paysage breton, du pragmatisme, le couple épanoui, du bleu, la mer, le chien qui court, du sport, de la simplicité… **À ÉVITER :** l'arrogance, le cynisme, le sexe…

POUR CRÉER DES BESOINS, IL FA INASSOUVISSEMENT : TELLES SONT LE

de l'efficacité, des chiffres, des preuves, le mot « solution », de la clarté, une question, la salopette, le casque, un atelier, la poignée de main, la province, le client satisfait, le véhicule utilitaire, être au téléphone, un jean, la campagne, le crayon sur l'oreille… **À ÉVITER :** paris, l'environnement urbain lourd…

de la pureté, du blanc, de l'espace, l'enfant blond avec des cheveux bouclés qui gambade, les clés de voiture, le filet à provisions sur l'épaule, LA bouteille d'eau, des fruits, de la légereté, du soleil, l'agenda chargé avec des ratures, la paire de lunettes sobre, de la fraîcheur, des dents blanches, les jambes fines croisées, les taches de rousseur… **À ÉVITER :** la vulgarité, le sexe…

de la tradition, du solide, du concret, de l'ancien, du naguère, du bois vernis, de la preuve, la chemise à carreaux, le petit-fils, le chien couché, la chaise a bascules, une bibliotheque garnie de livres, une cheminée **À ÉVITER :** la vulgarité, le sexe, les couleurs vives, la mort, la solitude, la décadence..

l'ado

le cadre-sup

le jeune adulte urbain

le chef de famille

ATTISER JALOUSIE, DOULEUR ET MUNITIONS. ET LA CIBLE, C'EST VOUS.

l'artisan

la jeune maman

le senior

Dis-moi ce que tu achètes, je te di

Pierre : 34 ans, divorcé, 2 enfants, vit en concubinage depuis 4 ans. Ingénieur informatique, deux cartes de crédit, trois cartes de fidélité (une station service, un hypermarché, un magasin de bricolage)…

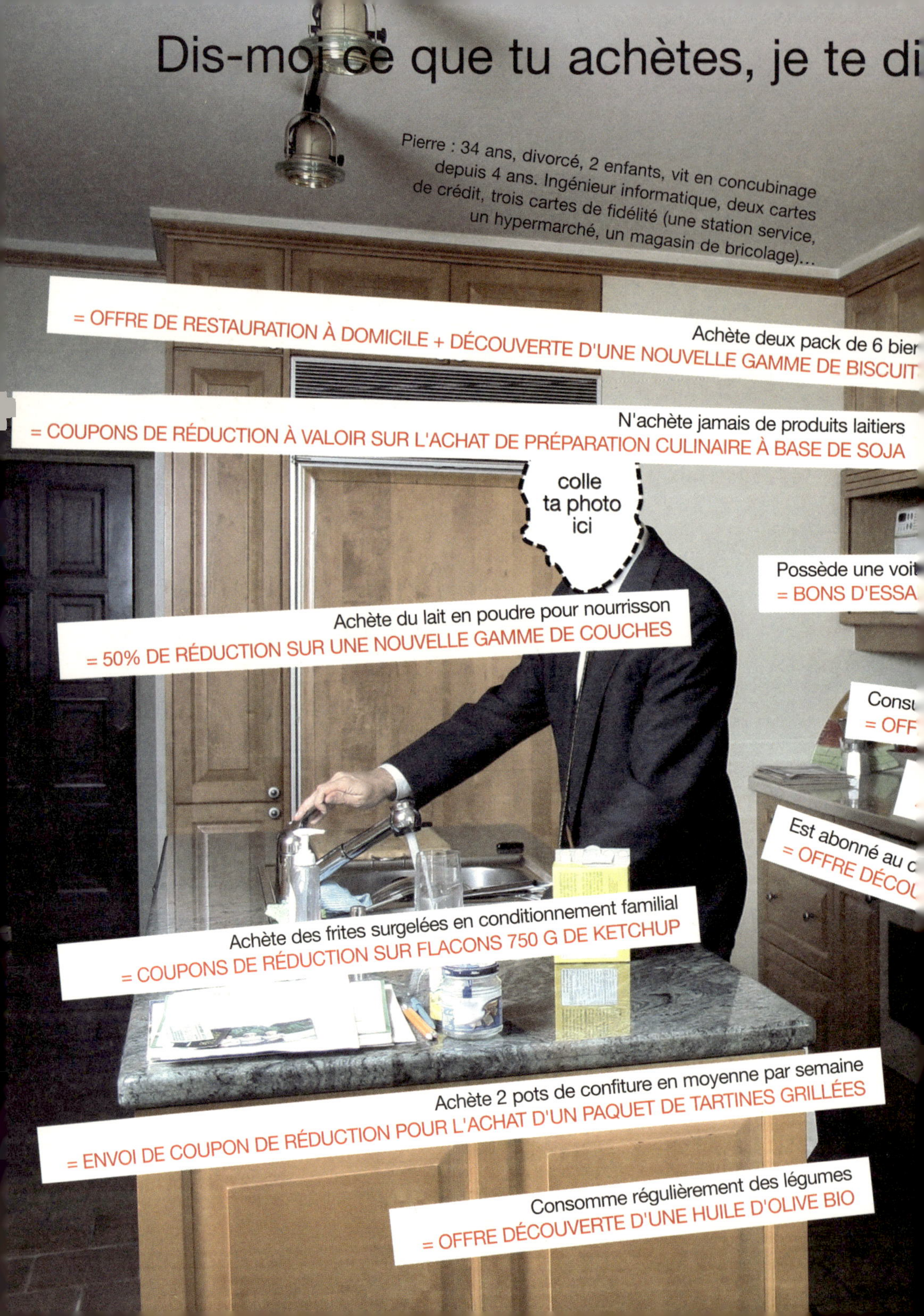

Achète deux pack de 6 bier
= OFFRE DE RESTAURATION À DOMICILE + DÉCOUVERTE D'UNE NOUVELLE GAMME DE BISCUIT

N'achète jamais de produits laitiers
= COUPONS DE RÉDUCTION À VALOIR SUR L'ACHAT DE PRÉPARATION CULINAIRE À BASE DE SOJA

Possède une voit
= BONS D'ESSA

Achète du lait en poudre pour nourrisson
= 50% DE RÉDUCTION SUR UNE NOUVELLE GAMME DE COUCHES

Cons
= OFF

Est abonné au c
= OFFRE DÉCOU

Achète des frites surgelées en conditionnement familial
= COUPONS DE RÉDUCTION SUR FLACONS 750 G DE KETCHUP

Achète 2 pots de confiture en moyenne par semaine
= ENVOI DE COUPON DE RÉDUCTION POUR L'ACHAT D'UN PAQUET DE TARTINES GRILLÉES

Consomme régulièrement des légumes
= OFFRE DÉCOUVERTE D'UNE HUILE D'OLIVE BIO

is ce dont tu auras bientôt besoin.

Vient de changer son lave-vaisselle
= OFFRE DÉCOUVERTE DE NOUVELLES PASTILLES DE LAVAGE À L'ESSAI

Achète des goûters pour enfants
= ENVOI DE PROMOTIONS POUR PARC D'ATTRACTIONS

mois
RITIF

Achète des croquettes pour chat
= BON D'ESSAI POUR UNE NOUVELLE LITIÈRE ÉCONOMIQUE

Achète des poulets rotis a réchauffer
= ENVOI D'UN ÉCHANTILLON DE PRODUIT POUR DÉGRAISSER LE FOUR

S UN CENTRE DE LAVAGE AUTOMATIQUE + INVITATION POUR DÉCOUVRIR UN NOUVEL AUTO-RADIO

A souscrit une carte d'abonnement au cinéma illimité
= OFFRE D'ABONNEMENT DÉCOUVERTE SUR 3 MOIS À UN MENSUEL DE CINÉMA

ois par semaine plusieurs sites internet donnant les résultats sportifs
ABONNEMENT DÉCOUVERTE À UN QUOTIDIEN SPORTIF

e des pâtes à gâteau prêtes à l'emploi
DE RÉDUCTION SUR L'ACHAT PROCHAIN D'UN LOT DE SACHETS DE FRUITS CONFITS

E D'UN SITE DE LOCATION DE FILMS EN LIGNE

Le marketing one-to-one désigne un concept qui permet de cibler parfaitement une offre commerciale en l'adaptant à un seul consommateur. Une parfaite connaissance de celui-ci est donc indispensable : c'est la fonction du marketing relationnel qui permet de renforcer la fidélité du client. Cette approche est l'évolution naturelle, poussée par les apports des nouvelles technologies, d'un marketing transactionnel traditionnel, intrusif et focalisé sur l'offre.

60% des gens n'ont pas besoin de votre produit, 30% des gens n'ont pas les moyens de se l'acheter, 5% des gens sont idiots, 5% des gens achètent n'importe quoi, ce qui fait que 10% de la population sont des clients potentiels. (Scott Adams)

RENTABLE : Qui donne un bénéfice suffisant par rapport au capital investi…

1. PROGRAMMER L'OBSOLESCENCE : concevoir un produit de telle sorte qu'il se détraque au bout d'un certain nombre de mois ou d'années, de façon à accélérer son cycle de vie et ainsi accélérer son renouvellement.

En 1946, les bas de nylon pouvaient durer trois mois et plus.
Entre les deux guerres, une automobile durait entre 15 et 30 ans.
Aujourd'hui, la moyenne est de 8 ans.
Les premiers téléphones mobiles duraient plus de 5 ans. Aujourd'hui, la moyenne est de 3 ans.
Les ordinateurs portables duraient 5 ans en moyenne. Ils tiennent aujourd'hui 2 à 3 ans.

2. L'ÈRE DU JETABLE : acheter, jeter, racheter...

Vaisselle, rasoir, briquet, brumisateur, couches, essuie-tout, lingettes pour entretenir la maison, pour essuyer les fesses des bébés, pour se démaquiller, pour nettoyer son chien, se rafraîchir les pieds ou enduire son enfant de crème solaire, mouchoirs, piles, sacs plastiques, serviettes hygiéniques, bouteilles en plastique, papier aluminium ou film alimentaire, barquettes, blouses, linge médical, boîtes à pizza, baguettes chinoises, brochettes, cendriers, sets de table, essuie-mains, décorations festives, glaces en pot, nappes, lentilles oculaires, vêtements de protection, toques de chef, sous-verres, semelles, coffrets et plateaux repas, sacs poubelle, presse gratuite, conditionnements individuels, literie a usage unique, sacs à excréments canins, appareil-photo… **Les sentiments sont-ils également jetables ?**

3. MARKETING : techniques et études d'applications qui ont pour but de prévoir, constater, susciter, renouveler ou stimuler les besoins des consommateurs et adapter de manière continue l'appareil productif et commercial aux besoins ainsi déterminés. (Kotler)

- Suggérer une nouvelle utilisation du produit
- Suggérer un dosage unitaire plus important
- Susciter la demande du produit par des tiers
- Augmenter le nombre d'utilisateurs potentiels
- Accessoiriser le produit ou l'équipement pour en étendre l'usage
- Limiter la durée optimale de conservation
- Développer le positionnement « santé » d'une gamme de charcuterie
- Créer affiches et panneaux interactifs pour booster l'impact de communication

- Multiplier les chèques et les cartes cadeaux pour développer les ventes et développer la notoriété de la marque auprès des bénéficiaires
- Améliorer la performance commerciale des vendeurs et des messages publicitaires en utilisant systématiquement des corrélations sémantiques
- Développement des cartes de crédit privatives pour fidéliser le client à toutes les formes de distribution ou de services
- Inciter à la souscription d'une carte de fidélité
- Vendre des équipements d'occasion pour fidéliser et accélérer les ventes
- Mensualiser le paiement d'une prestation ou d'un produit et afficher le prix à la semaine ou à la journée pour diminuer le prix facial
- Implanter des rayons sensoriels
- Exploitation de bars à vins par un distributeur de vins et spiritueux
- Suggérer des achats additionnels fondés sur des corrélations d'affinités
- Pratiquer l'étiquetage informative sur un produit pour augmenter les occasions de consommation
- Parfumer un quotidien pour le lancement d'un nouveau parfum
- Favoriser la consommation hors domicile d'un produit habituellement consommé en dehors
- Distribuer des chéquiers de remises pour stimuler la fréquentation pendant les périodes « creuses »
- Mélanger les produits d'une même gamme pour susciter une utilisation plus importante
- Accroître la visibilité d'un produit sur son lieu de consommation pour en augmenter l'usage
- Coffret de dégustation pour faciliter l'achat et initier au produit
- Transposer le concept de séminaire professionnel aux loisirs des particuliers pour accroître la fréquentation d'un hôtel en période creuse
- Personnaliser un produit par l'ajout d'ingrédients proposés sur table pour développer de nouvelles habitudes de consommation
- Lier à un produit le principe de quizz d'un jeu de société pour susciter la consommation
- Aromatiser à l'infini un produit pour augmenter les occasions d'achat
- Favoriser la consommation d'impulsion d'un produit en le présentant en portion unitaire
- Cibler les enfants par des offres gratuites et ludiques pour atteindre les familles
- Disposer des fiches recettes au milieu des fruits et légumes exotiques pour en développer la consommation
- Sur-emballage de produits original et décoratif pour opérer une rupture des codes de présentation et rajeunir le produit
- Augmenter le débit du produit en y ajoutant doseur ou spray
- Créer un conditionnement de forme originale pour singulariser un produit
- Créer un personnage médiatique à des fins exclusivement publicitaires
- Développer des produits d'accompagnement d'un produit-mère pour augmenter les occasions de consommation
- Individualiser le produit
- Prolonger les vacances par la reconstitution d'ambiances sonores

caractéristiques sur une compilation
- Créer un jeu à partir d'un produit alimentaire plaisir
- Rééditer un produit commercialisé à prix réduit pour atteindre des cibles nouvelles et générer des ventes supplémentaires
- Imposer le produit comme ingrédient indispensable pour agrémenter certains plats
- Étendre progressivement le territoire d'une marque pour couvrir toutes les occasions de consommation
- Faire évoluer un produit de sucrerie à un produit de soin bucco-dentaire pour élargir la cible aux adultes
- Présenter de façon ludique les produits pour enfants
- Proposer des conditionnements de 5l à entreposer à plat au réfrigérateur pour augmenter une consommation spontanée et facilement accessible
- Multiplier la saisonnalité du produit pour accroître sa fréquence de consommation
- Penser un emballage rigide pour un produit habituellement souple pour valoriser sa présentation
- Suggérer la consommation en grignotage
- Améliorer la visibilité domestique du produit (verseur, chassis de présentation, distributeurs, présentoirs...) pour augmenter sa fréquence de consommation
- Emballages et suremballages de fête pour accroître la relation de sympathie au produit
- Augmenter la contenance
- Créer un positionnement santé offensif
- Créer des emballages décoratifs pour une meilleure valorisation du produit et une fidélisation optimisée du client
- Adapter des jeux traditionnels ludiques aux produits alimentaires pour enfants
- Étendre une gamme par sa complexisation
- Rajeunir un produit par des étiquettes dessinées par des artistes pour bénéficier de la croissance de l'importance de l'art et du design
- Suggérer de nouvelles occasions d'utilisation du produit
- Proposer un gain de temps pour viser une cible moins sensible au prix unitaire qu'à la praticité du produit
- Multiplier les services d'initiation et d'accompagnement du client
- Accélérer le renouvellement et le développement du multi-équipement
- Multiplier les promotions pour les bébés et les mamans pour élargir la cible à de nouveaux utilisateurs aux exigences moins élevées
- Développer des marges élevées sur les premiers prix
- Décliner le principe du discount à tous les secteurs
- Multiplier les arrivages événementiels thématiques et réguliers en magasin pour motiver et augmenter les visites
- Créer des séries limitées pour développer l'éphémérité du produit
- Déculpabiliser l'envie et concilier plaisir et impératifs diététiques en déclinant en version light un produit pour atteindre une cible plus féminine

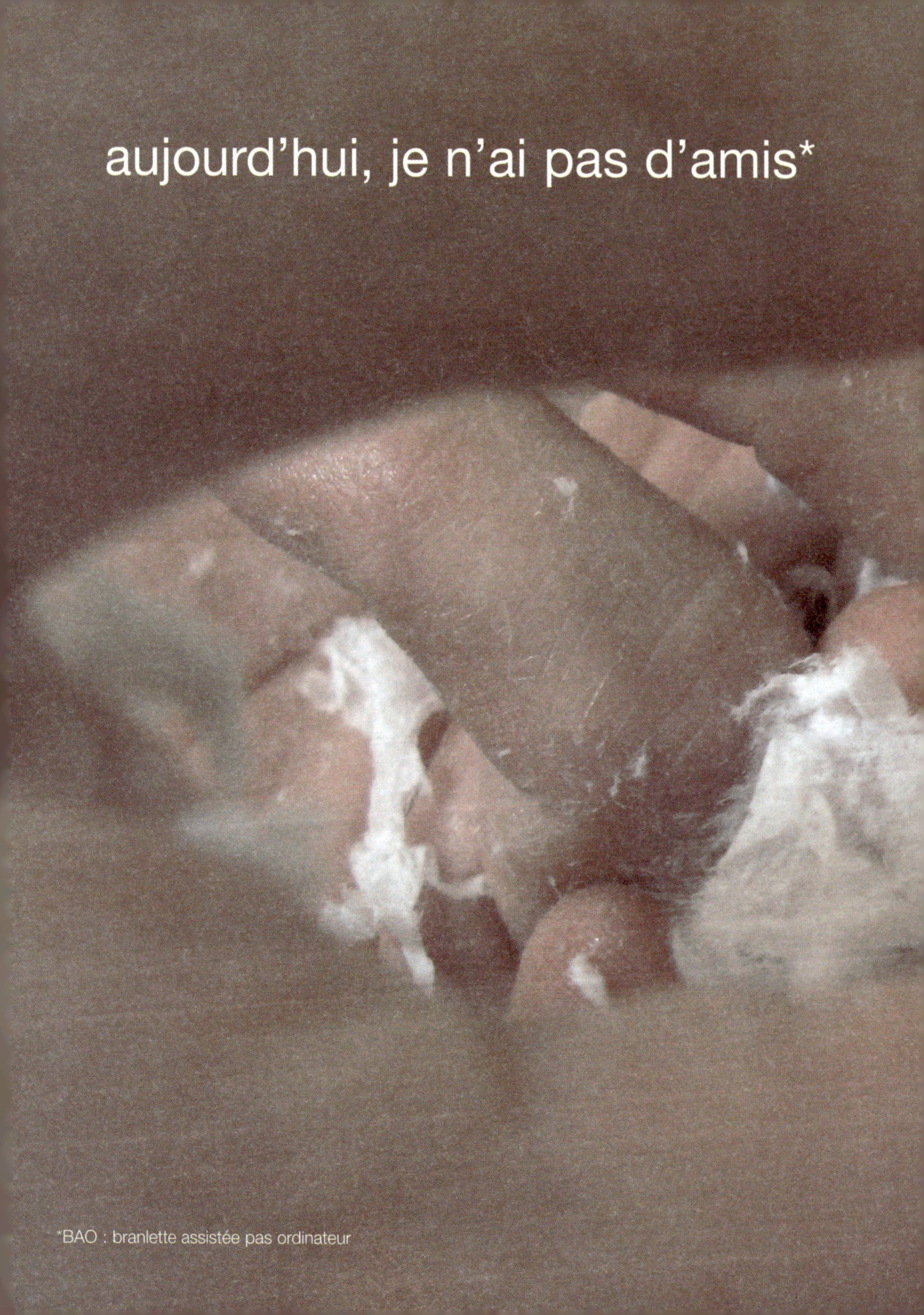

aujourd'hui, je n'ai pas d'amis*

*BAO : branlette assistée pas ordinateur

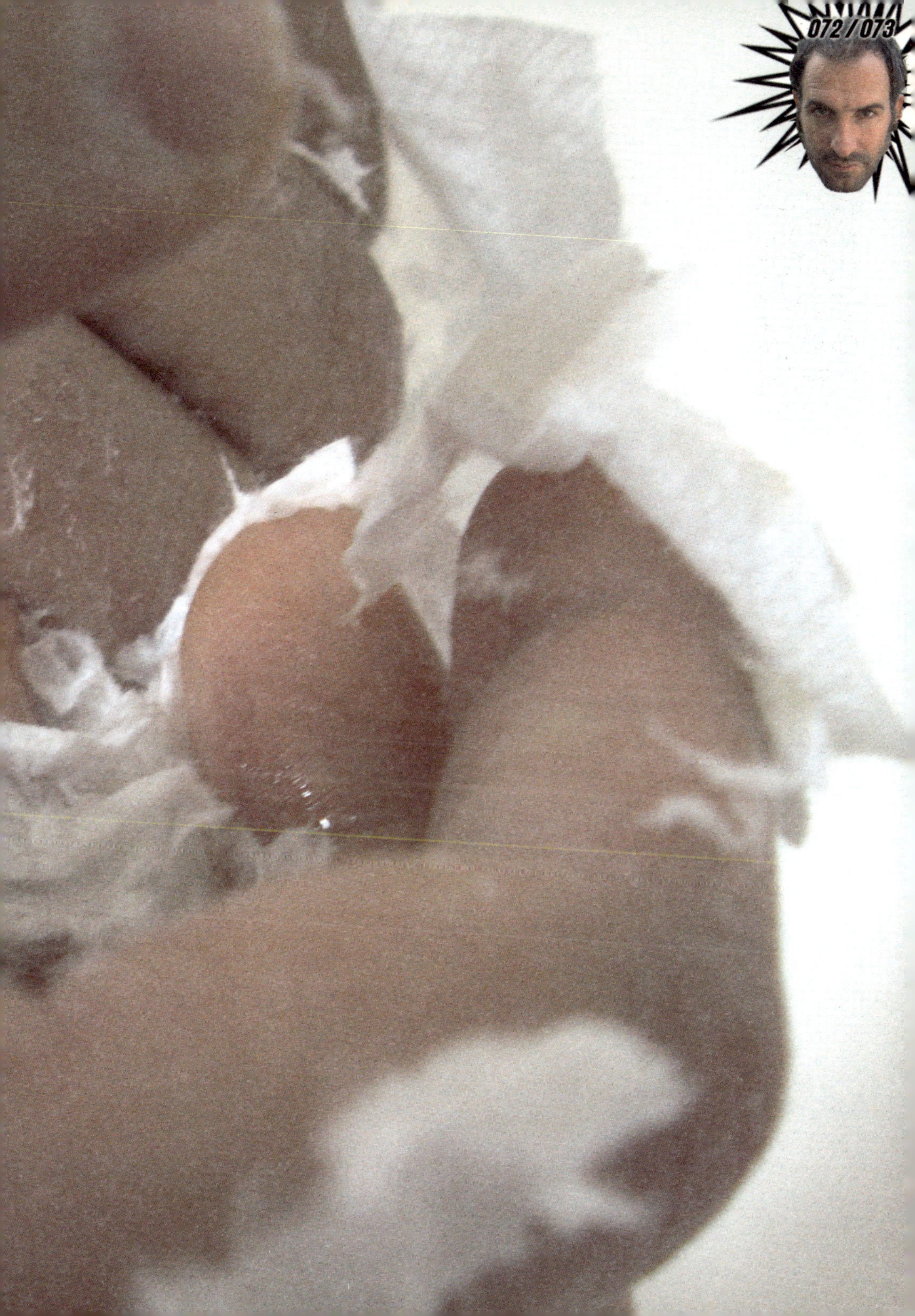

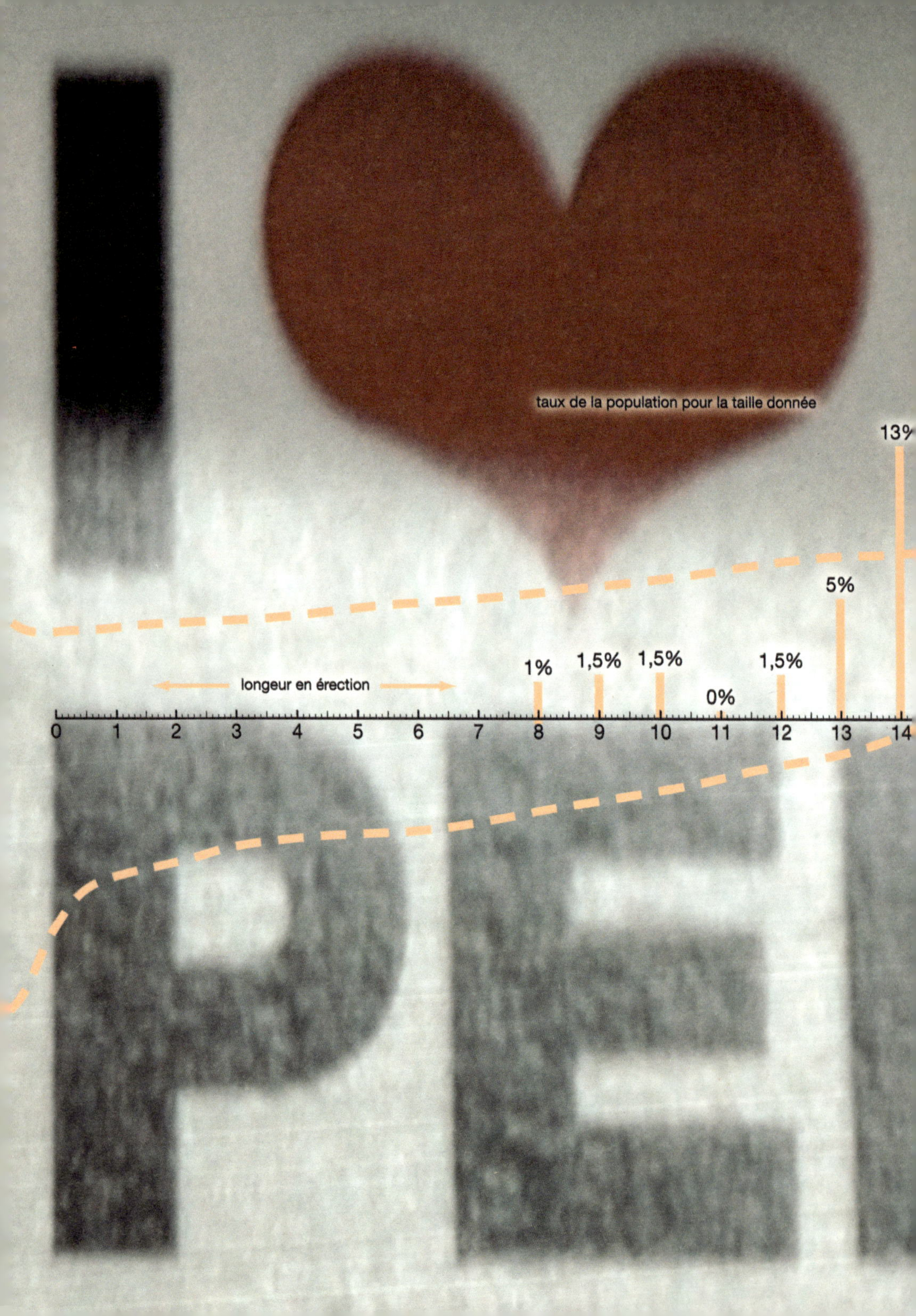
taux de la population pour la taille donnée
13%
5%
1%
1,5%
1,5%
0%
1,5%
longeur en érection
0
1
2
3
4
5
6
7
8
9
10
11
12
13
14

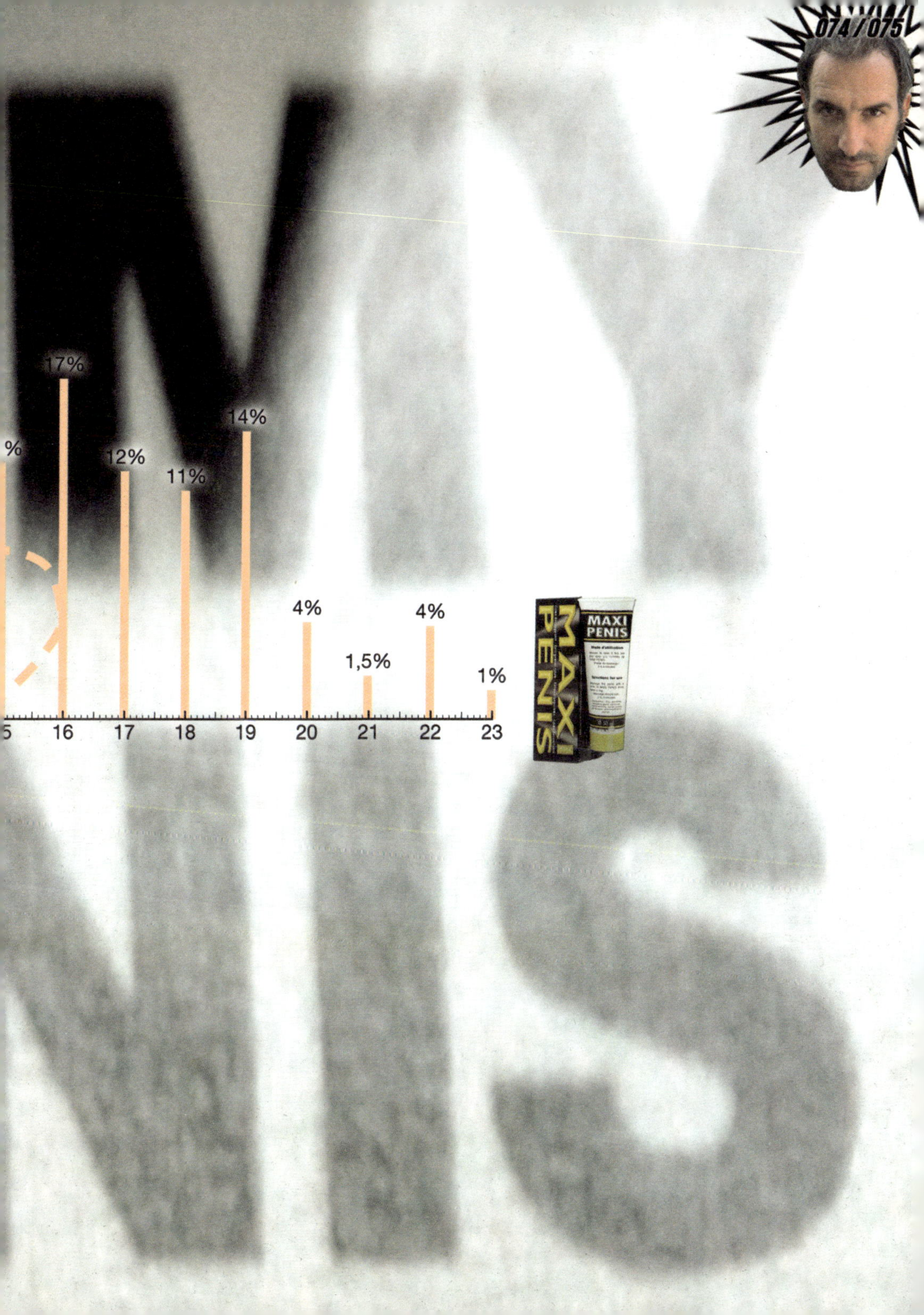

MY
NIS
%
17%
12%
11%
14%
4%
1,5%
4%
1%
5
16
17
18
19
20
21
22
23
MAXI PENIS
MAXI PENIS

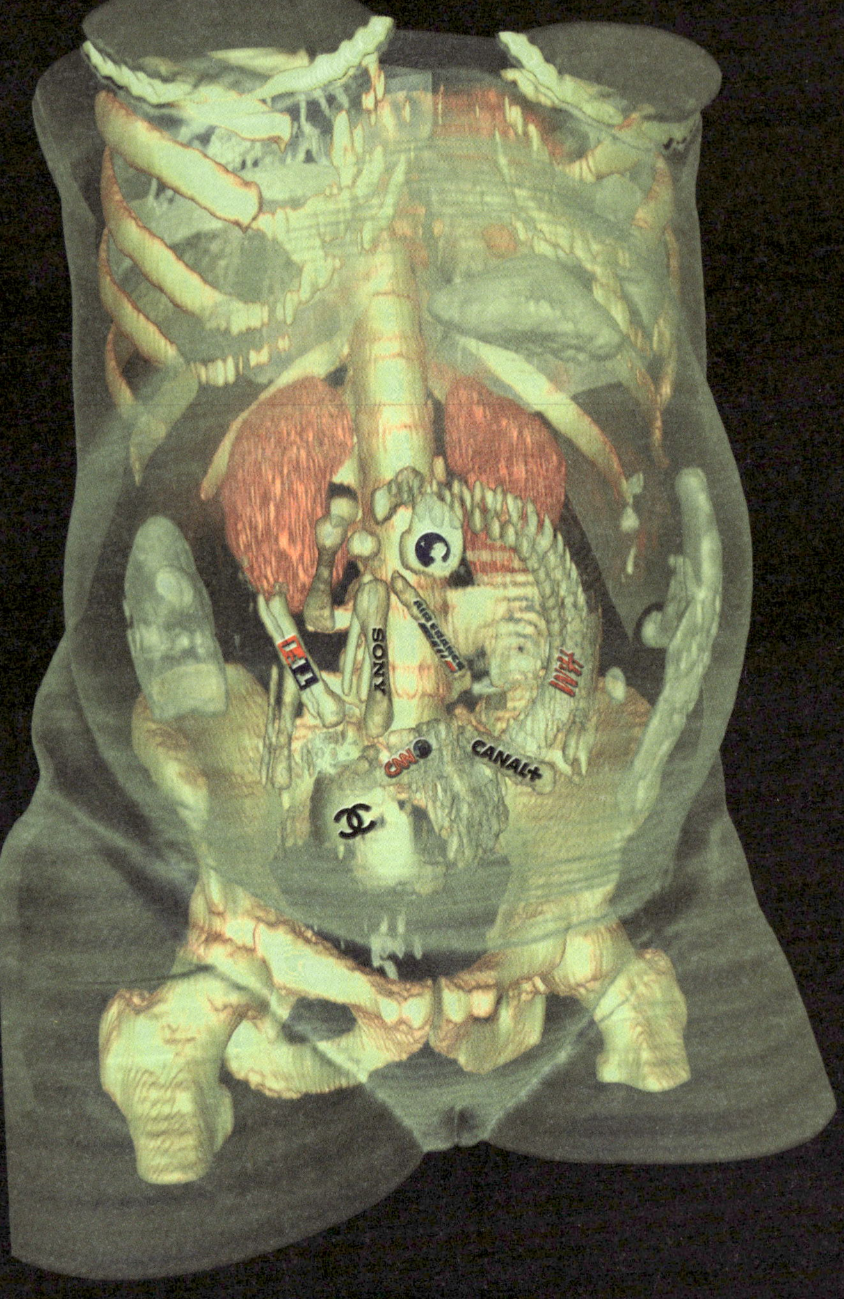

Il est né le divin consomateur.

Lorsque le pouvoir politique se risque à vouloir mettre des limites à nos comportements d'hyperconsommation schyzophrène, le citoyen se dresse et brandit sa liberté de penser, sa liberté d'agir, sa liberté de mouvement. La confusion règne en maître. Bienvenue dans le grand jeu de la vie.

EVERYE

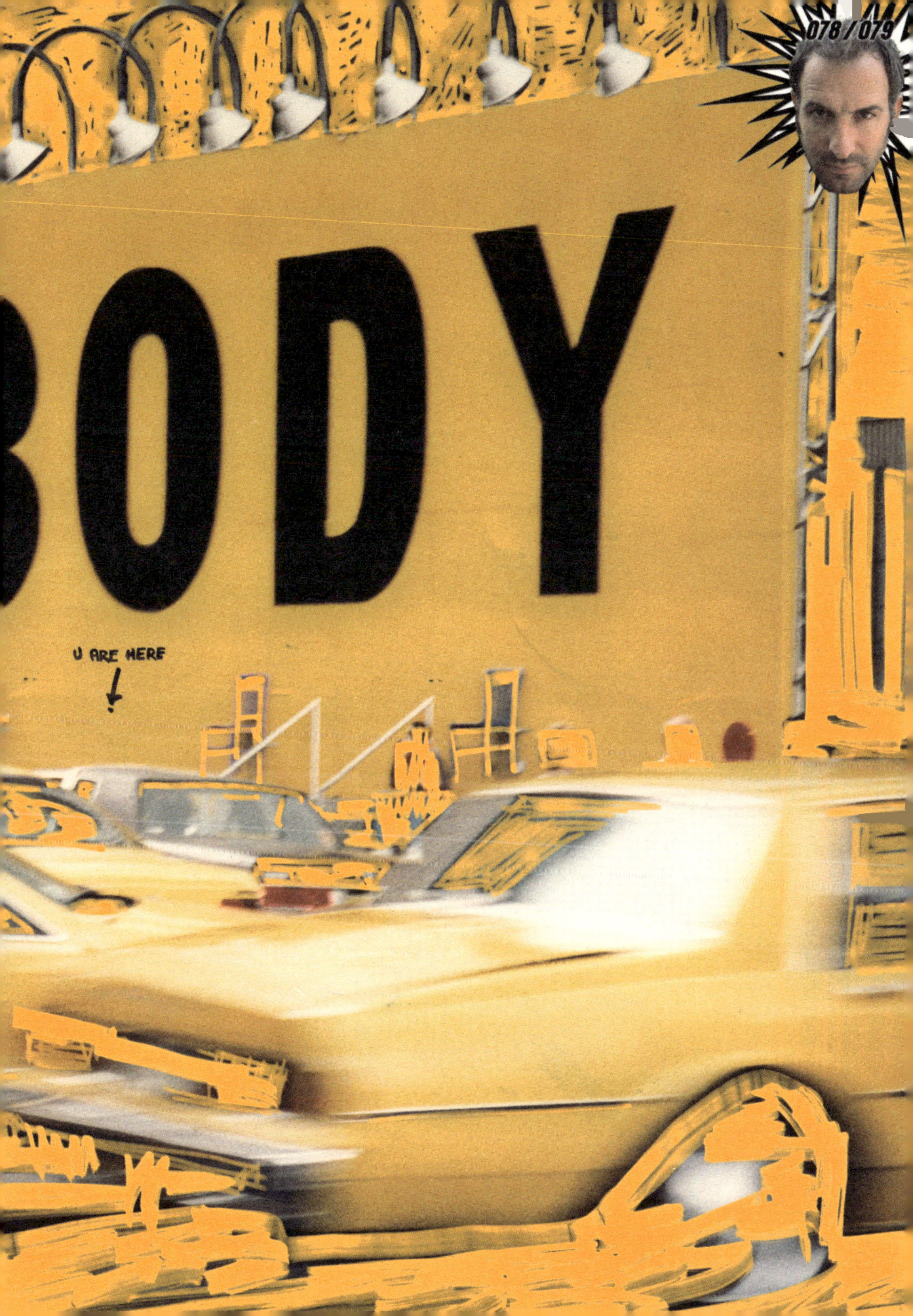
BODY
U ARE HERE

je ne suis pa

s un numéro

C’est pas l’annonceur
qui est raciste

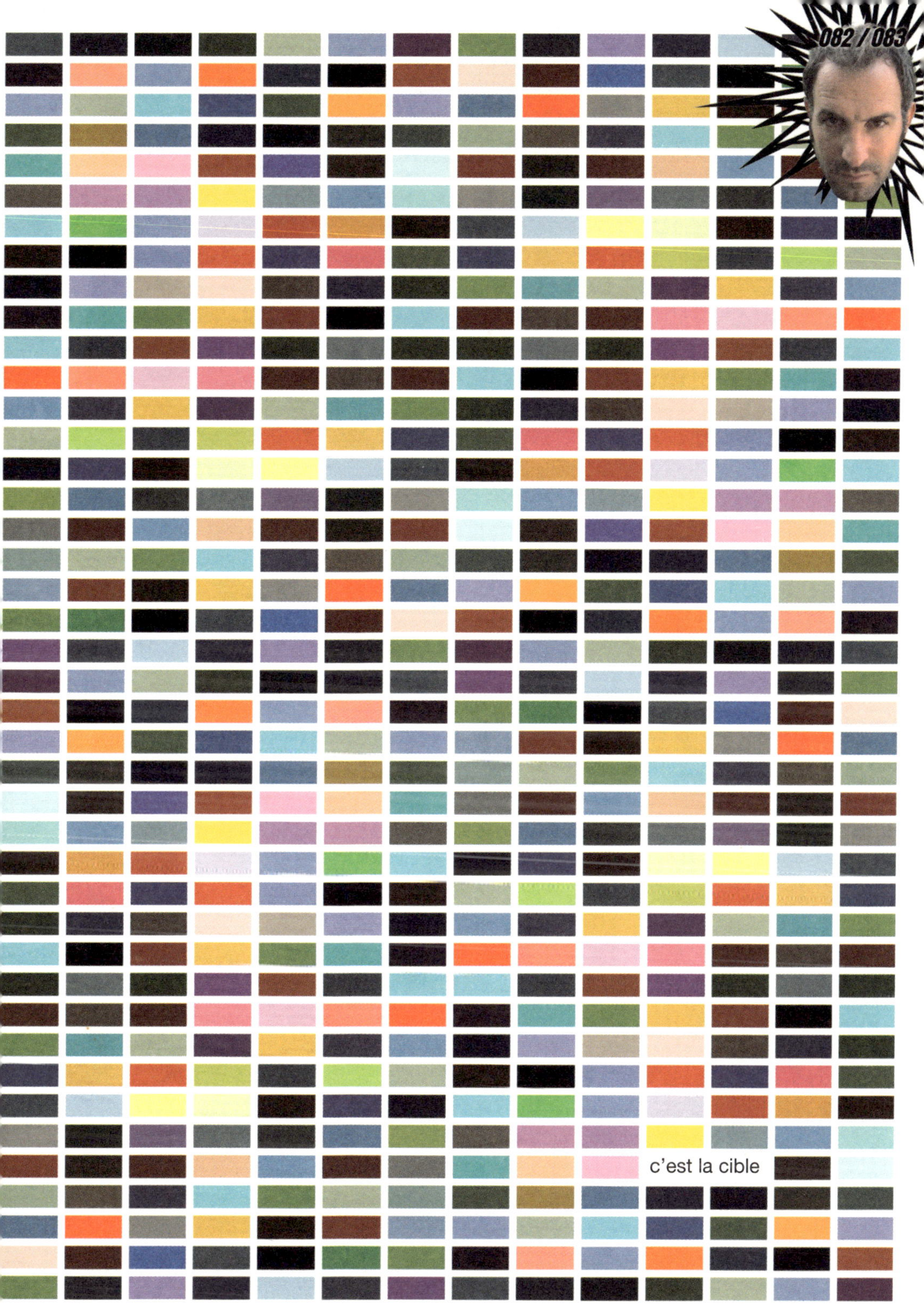
c’est la cible

The race t

extinction
DESIGN CHRISTOPHER D. 2007

buy
more
live less
5

Chipsier : [chipsje] n. m. - *de chips, 1920 (mot ang.)* : arbre de taille moyenne de la famille des solanacées dont le fruit est la chips (fine tranche de type copeau frit doré et croustillant), à grignoter seul(e), entre amis ou en famille, au bureau, en voiture, devant la télévision ou sur la plage. Chipsier au vinaigre, chipsier goût barbecue, chipsier sour cream flavor ...

Assaisonnement des plats
Bouillon de volaille
Court bouillon au vin blanc poissons et crustacés
Bouillon aux légumes
Sauce Arôme Saveur à la sauce soja
Cerneaux de noix du Périgord AOC
Pruneaux d'Agen géants dénoyautés du pays d'Oc
Abricots ambrés moelleux
Noix de coco râpée
Grains de blé précuit - cuisson rapide 10 min
Sauce à base de soja
Macédoine de fruits confits
Pignons de pin
Noisettes en poudre
Amandes effilées
Sauce soja à fermentation naturelle
Feuilles de Gélatine alimentaire
Sauce Pesto Rosso à la tomate et au basilic
Coulis de framboises prêt à l'emploi
Sauce chocolat prête à l'emploi
Glaçage cacao prêt à fondre
Purée Saveur à l'Ancienne emmental et comté
Moutarde au Miel et Vinaigre balsamique
Crème de noix de coco
Poivrons rouges grillés entiers
Compote d'oignons rouges et raisins blonds
Morceaux de chocolat noir prêt à fondre
Crème anglaise
Bougies d'anniversaire 2 couleurs
Préparation pour guacamole
Moutarde anglaise traditionnelle
Pâte à gâteau moelleux chocolat
Pâte pour 2 flans pâtissiers aux œufs
Pâte à cookies pépites de chocolat
Feuilles de brick plates
Pâte feuilletée ronde prête à dérouler
Sauce beurre blanc de Bretagne
Fond de tarte Compotée Pâtissière pomme cannelle
Sauce pour nems
Flan entremets vanille
Sauce 0% cholestérol
Béarnaise à l'estragon et aux échalotes
Tomato Ketchup - tête en bas
Sucre vanillé de Madagascar au sucre roux de canne
Arôme fleurs d'oranger
Velouté à la provençale
Mouliné de légumes variés
Soupe de poissons au coulis de homard
Gaspacho potage Andalou
Croûtons de pain frottés à l'ail au persil
Croûtons de pain grillés au four
Mini soup croûtons
Sélection de 3 riz (d'Amérique-rouge de Thaïlande-sauvage)
Sauce Nuoc-Mam
Brochettes de porc marinées au thym et romarin
Soupe déshydratée de Tomate aux vermicelles
Soupe déshydratée Thaï nouilles/champignons/pousses de soja
Velouté de légumes aux fines herbes
Risotto expresso aux quatre fromages
6 merguez fortes à la Marocaine
Vermicelles de riz Mie Hoen
Pâte aux œufs à la façon chinoise
Sucettes boules parfums variés
Bonbons light parfum café expresso
Saucisses aux olives
Bonbons Chamallows
Riz saveur et équilibre du Basmati
Nougat tendre de Montélimar
Pâtes de fruits du Pays d'Oc
Calissons d'Aix
Boudins noirs antillais et boudins blancs tomate-fromage
Bonbons menthol sans sucre
Bonbons alpin fresh sans sucre
Canapés traiteur surgelés
Bloc de foie gras, châtaignes et figues surgelés
Saumon fumé crème à l'Aneth surgelé
Chips ondulées croquantes
Mini-tartelettes apéritif surgelées
Clafoutis feta, tomates cerises, ciboulette
Sauce spaghetti prête à l'emploi
Noix de pécan grillées et salées
Chips paysannes
Chips croustillantes
Chips gourmandes
Chips finement salées
Boisson au soja enrichi en calcium
Sauce aux 3 poivres déshydratée
Boisson minceur drainante goût thé pêche
Pistaches grillées et salées
Pistaches finement salées
Cocktail non salé (raisins secs/noix de cajou/amandes)
Chips goût bolognaise
Désodorisant réfrigérateur
Tortillas chips goût chili, recette mexicaine
Repas minceur Crémeux saveur chocolat
Parfum d'intérieur framboisier en fleurs
Préparation pour substitut de repas crème chocolat
Tranches de pommes croustillantes
Barres fondantes chocolat orange hyperprotéinées
Pain azyme extra fin casher
Spécialité culinaire ail & fines herbes
Nuggets de poulet sauce texane
Pain croustillant riche en fibres
Pain d'épices mutliparts
Confiture diététique de fraises
Fourrés chocolat
Vitamine C 500 à croquer arôme orange
Carrés spécial transit
Escargots préparés « recette à la Bourguignonne » surgelés
Foie gras de canard entier au poivre de Sichuan
Truffes entières 1ère ébullition
Corbeille campagnarde
Chocoletti praliné noisettes
Petits pois de Bretagne extra-fins à l'étuvée
Maïs doux en grains sous vide
Champignons de Paris émincés
Chocolat au lait fourré
Sauce Aigre douce crème brûlée
Haricots beurre extra-fins

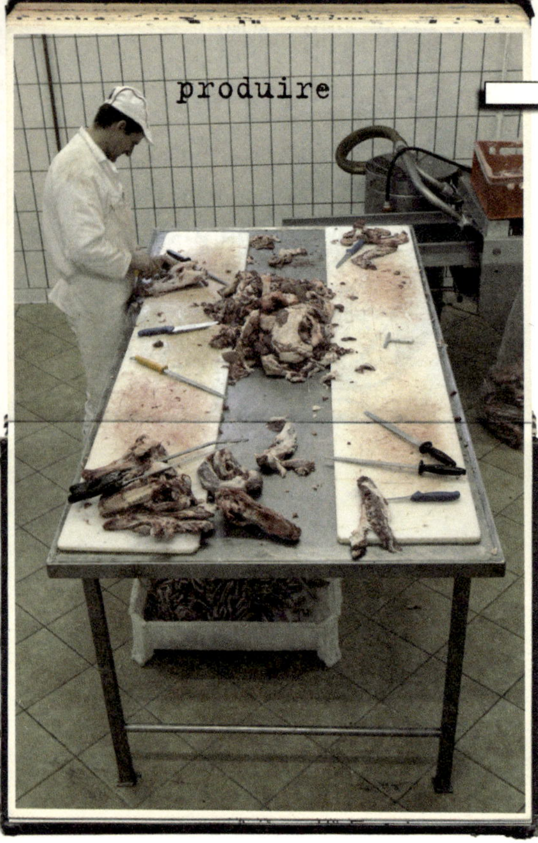

ACTIF

Apte au travail rémunéré ou bénévole, autrefois esclave, en raison de son âge, de ses capacités et de sa disponibilité. S'exerce à tout prix.

Salaire : 1 903 euros net / mois (France - juin 2005)

1 salaire par mois, des clients, des fournisseurs, des collègues, des horaires, des délais, des heures-sup ...

Qualités requises : courage, méthodologie, discipline, esprit de compétition, flexibilité, sens de l'écoute, sens du sacrifice, esprit d'équipe...

Risques du métier : abrutissement, ennui, dépendance, stress, changement de personnalité, promiscuité...

27 814 000 actifs (France - 2006)

2 870 888 entreprises (France - 2006)

La bible : je travaille donc je suis utile.

L'angoisse : le licenciement, la faillite.

La règle : C.D.I.

« Nicole, on va se fumer une petite clope ? »
« Un long sans sucre. »
« Il me manque un ticket restaurant... »
« On n'est que mardi ?! »
« Putain, je suis à la bourre. »
« Je prends ma pause à midi, tu manges avec nous ? »
« On est le 2 et on n'a toujours pas été virés et j'ai pas payé la cantine. »

CONCEPTEUR-RÉDACTEUR

Crée et rédige des messages publicitaires. S'exerce assis ou debout, dans un bureau, seul ou en équipe, à domicile ou en agence... Quelques campagnes par an.

Qualités requises : esprit créatif, savoir rédiger, excellente culture générale, esprit de synthèse, curiosité, psychologie...

Risques du métier : hydrocution dans une piscine, overdose de cocaïne, crash de jet privé...

pas d'horaires mais des délais

3000 concepteurs-rédacteurs en France

Salaire : 6000 euros net / mois environ

La bible : tout s'achète, tout se vend, tout est provisoire.

L'angoisse : la panne.

La règle : les 4 C « Clarté, Concision, Crédibilité, Cohérence »

« Pourquoi faire de l'humour ?! »
« Est-ce que ça fonctionne ? »
« Ça passera jamais ! »
« On n'est pas là pour faire de l'art, on est la pour vendre ! »
« Le client adore mais ça le fait flipper, faut retravailler. »
« Bof... c'est pas très sexy... »
« Je suis le plus grand génie vivant mais personne ne le sait. »
« J'ai envie de mourir »

CAISSIÈRE

Effectue la saisie des prix à l'aide d'un lecteur optique et encaisse les sommes correspondant aux marchandises vendues. S'exerce le plus souvent en position assise et dans un espace de travail restreint. 9 583 hyper et supermarchés en France (CA annuel moyen par magasin : 57 millions d'euros). 30 clients à l'heure, 27 articles à la minute, un article toutes les 3 secondes, 2 tonnes de marchandises soulevées par jour.

Qualités requises : bonne présentation, résistance nerveuse, sourire, rapidité, méthode, disponibilité, abnégation…

Risques du métier : troubles musculeux-squelettiques du dos, de la nuque, des mains et des épaules, persistance sonore de la lecture optique, infantilisation, monotonie...

130 000 caissières en France (98 % sont des femmes)

Salaire : 960 euros net / mois

La bible : pas de retard, pas de bavardage, pas d'erreur de caisse, pas de tenue excentrique et jamais de membre de sa famille à sa caisse.

L'angoisse : le produit qui ne passe pas.

Règle du SBAM : Sourire, Bonjour, Au revoir, Merci

« Qu'est-ce qu'il se passe ? Ça rame ! »
« Vous n'avez pas enlevé les 30 centimes de réduction sur le déodorant homme ? »
« Ici la caisse n°12. J'ai un problème avec le Blédichef épinards… »
« Vous le faites à 1,50 ! Un jour ou l'autre, ça finira bien par rentrer dans votre tête. »
«Toi, tu fermes ta caisse. Et tu vas ranger les paniers. »
« Pardon, mais le céleri rémoulade n'est pas à 2,95... il est indiqué à 2,50. »

CONSOMMATEUR

Prend part à un échange de nature commerciale à des fins personnelles, familiales ou domestiques en acquérant un bien ou un service, à ses frais, pour sa consommation ou pour celle d'un autre consommateur. S'exerce n'importe où et à tout moment

Revenu disponible : 21 599 euros net / an (France - juin 2004). 1 revenu par mois, un loyer par mois, trois crédits par mois, 1,89 enfant, 38 visites par an dans un hypermarché, panier moyen : 31 euros ...

Qualités requises : influençable, besoin d'appartenance, résistance au libre-arbitre, posséder la télévision, esprit de groupe ...

Risques du métier : frustration, surendettement, dépression, addiction...

La bible : je dépense donc je suis

L'angoisse : l'interdit bancaire

La règle : - 30 %

« C'est mercredi les soldes ? »
« Je suis vert, y'a pas ma taille ! »
« J'aurais besoin de 10 000 euros rapidement s'il vous plaît quitte à m'endetter sur 8 ans à 17,06 % teg l'an... »
« C'est quoi ? c'est nouveau ? »
« Merde ! mon banquier ... je rappellerai plus tard ... »

je produis
LOGO
j'achète
Coller des logos.

c'est mon
Logo.
je vends
LOGO
LOGO
LOGO
LOGO
LOGO
LOGO

ingenico

je
dé
pense
donc
je
suis

ceci est un

bulletin de vote

La publicité ne ment jamais, elle embellit toujours. La publicité ne nous rend pas idiot, elle nous rend paresseux intellectuellement. Depuis quand n'a-t-elle pas parlé de vertu, d'effort, de courage, d'abnégation, de solidarité ? Depuis toujours. Ces valeurs ne sont ni sexy ni vendeuses. Le citoyen les écoute mais le consommateur ne les entend pas. Dans le cas contraire, imaginez-vous un seul instant que la publicité se priverait de les utiliser ? Dès qu'un produit ne plaît plus, dès qu'on s'en est lassé, dès qu'on a trouvé mieux, on le zappe sans se poser de questions.

La voiture : NATALIA SLS2 (DiMora): 2 millions US $ 6 mètres de long, traction intégrale permanente aux quatre roues, moteur V16 de 14 l, 1200 chevaux, 4 sièges masseurs et cendrier en cristal de série

L'hôtel : le Ritz-Carlton de Tokyo, 13 000 € la nuit, suite de 300 m2 avec vue sur le Mont Fuji et le Palais impérial

L'eau : Bling H2O, 40 US $ la bouteille de 75 cl packaging haut de gamme, issue d'une source au Tennessee, édition limitée, bouteille de verre recyclable sertie de cristaux signés Swarovski

La maison : 138 millions US $, manoir anglais situé dans le Surrey, plus grand que le palais de Buckingham, 103 chambres, 15 salles de bain avec robinets en or, tennis et piscine intérieure, 29 hectares de jardins, salle de cinéma de 50 places, cave à vin contenant 35 000 bouteilles, ascenseur de verre...

La voiture : OKA de Lada : 2575 US $, bi-cilyndre à carburateur, freins à tambour, vitesse max 110km/h, pas de cataliseur, pas d'airbag, pas d'abs, pas de direction assistée, pas de vitres électriques

Le film de pub le plus cher : 27 millions € Chanel N°5, avec Nicole Kidman, réalisé par Baz Luhrmann, costumes spécialement crées par Karl Lagerfeld, musique de Debussy

Le métro le moins cher du monde : Mexico, 2 pesos le trajet (0,25 €)

Le voyage : Space Adventures, 25 millions US $, 12 jours autour de la terre, avec menu gastronomique spécial

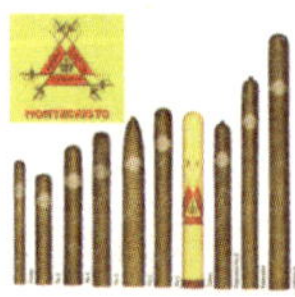

Le cigare : Le Behike (Altadis), 15 000 € la boite de 40, soit 375 € piece, pour le 40e anniversaire de la marque Cohiba. Fabriqués dans la prestigieuse manufacture cubaine El Laguito, à La Havane, et roulés par la même personne, Norma Fernandez, la plus ancienne employée de la fabrique, où elle travaille depuis 39 ans

Le baladeur MP3 : (DN-2000 par Evergreen) : dimensions : 5x5 cm, pas d'écran, pas de mémoire interne, il faut donc lui adjoindre une carte-mémoire SD pour fonctionner

Le film : *If God Sent His Angel* de K.M Lo, 320 US $, Tourné à Phnom Penh, au Cambodge. Avec le plus petit studio du monde dans une chambre d'hôtel à 5 € la nuit ou la plus grande partie du tournage a eu lieu. Recours aux ombres chinoises pour économiser sur les comédiens

La jante : ASANTI, 1 million US $ les 4. Forgée en trois parties, recouverte de 12 000 diamants et de 800 saphirs, totalisant 1100 carats de pierres précieuses

l'ordinateur : Mobilis par Sofcomp (Inde), 180 fonctions de base du PC, 750 g

Le litre d'essence : en Iran, 0.11 US $ le litre

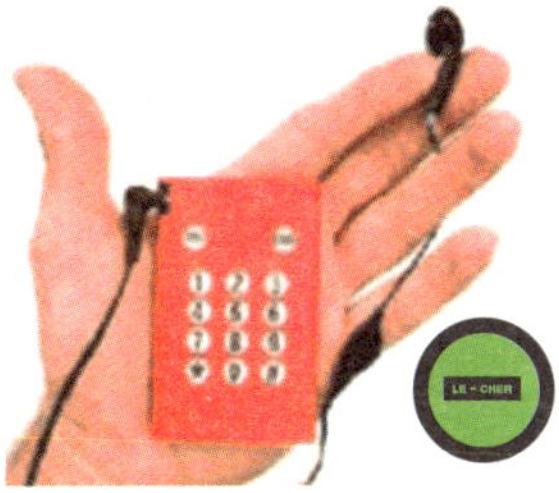

Le téléphone sans abonnement : 6 US $

Le bain : 5 000 US $ (réservé aux clients de la suite Penthouse de l'Hotel Victor a Miami) 1000 litres d'eau d'Evian, des pâquerettes dans l'eau, des bougies autour de la baignoire, traitement SPA, température de l'eau sur commande, sucettes au saumon fumé, foie gras et chocolat, une bouteille de Krug Grande Cuvée, fraises et tranches de mangue fraîche

Le vin : Sauternes, Château d'Yquem de 1787, 80.000 € !

Le diamant : Hancock Red Diamond, 880 000 US $ en 1987, pierre rouge, 0,95 carat

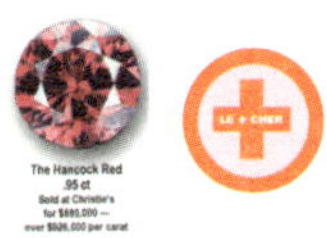

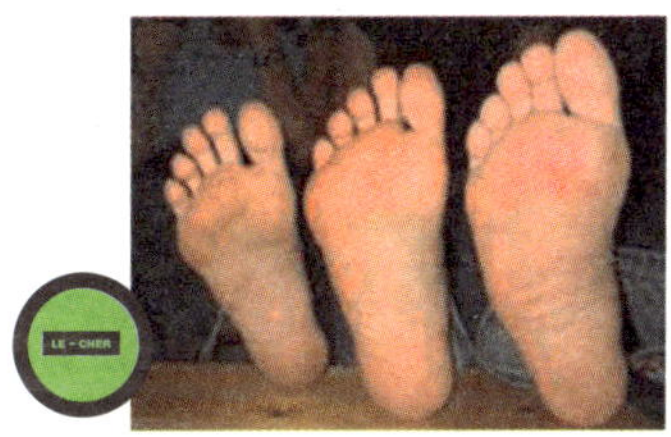

Le moyen de transport : les pieds

La confiture : « Duerr's & Son », marmelade d'oranges et de whisky Vintage Dalmore 1962 de Whyte & Mackay (50 000 € la bouteille), rehaussée d'un trait de Champagne Cuvée Winston Churchill 1996 de Pol Roger et parsemée de flocons en feuilles d'or 24 carats. Présentée dans un pot en cristal (1700 € à lui tout seul), comptez un peu plus de 7300 € le pot

Le bikini : 11 millions US $, entierement composé de diamants

La pizza : 1000 US $ restaurant Nino's a New York caviar, homard et crème fraîche

la ville: Londres, 36.800 € le m²

Le portable : Vertu, 66 860 clavier en diamants, boîtier en platine, incrusté de rubis.

Tanneke (1658), laitière de mère en fille

Agent 13 428 (2007), laitier du lundi au jeudi, de 6h à 11h et de 15h30 à 17h30

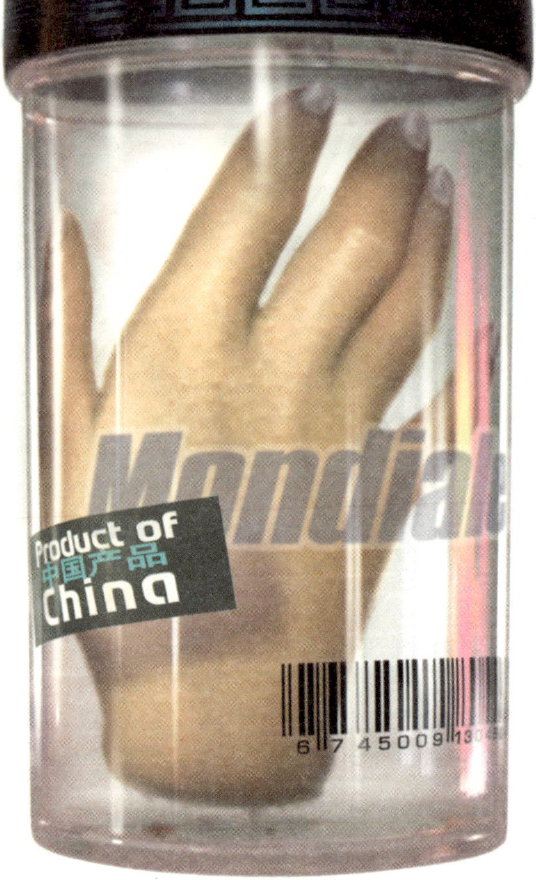
Mondial
Product of
中国产品
China

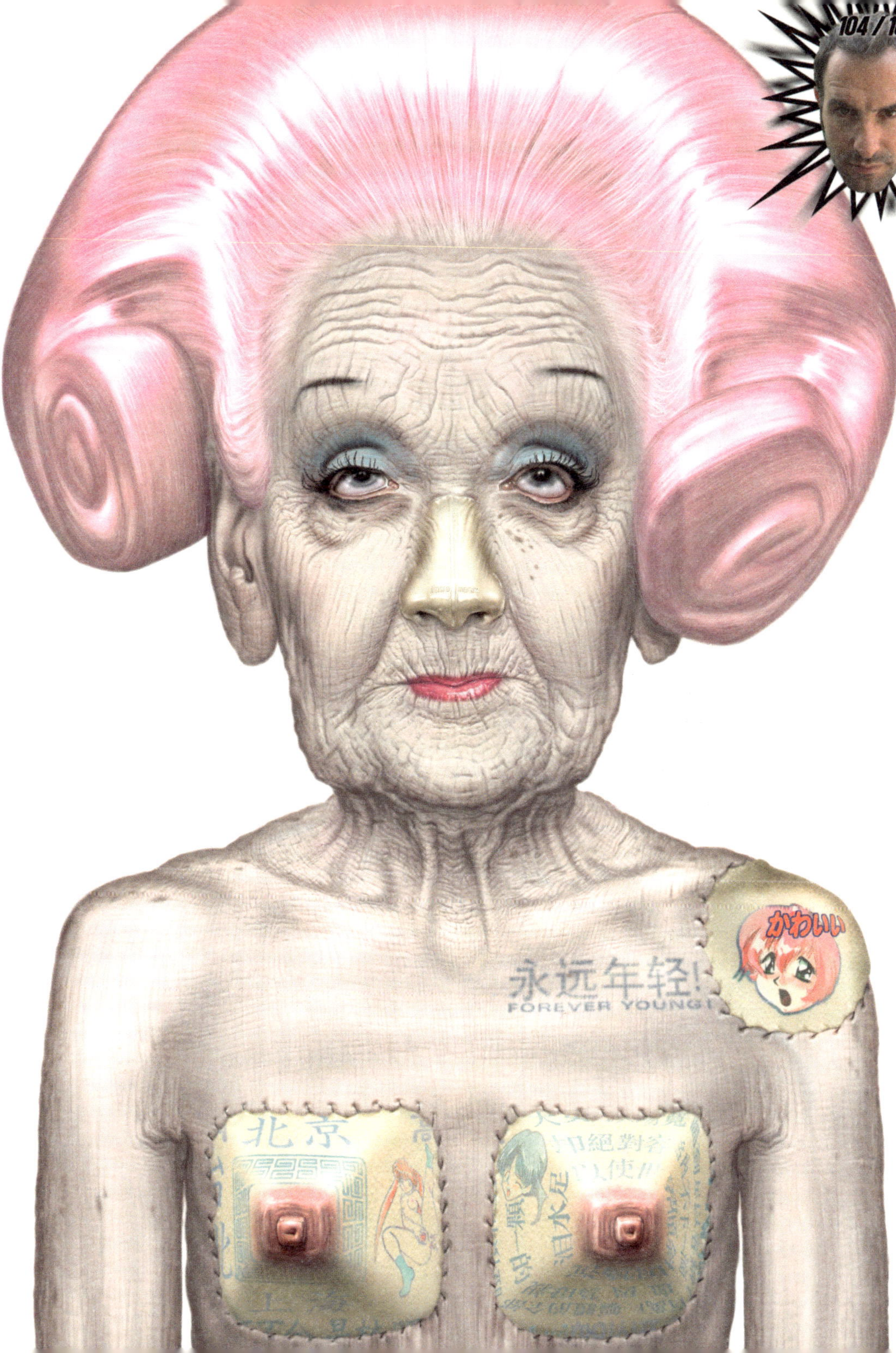
かわいい
永远年轻!
FOREVER YOUNG!
北京

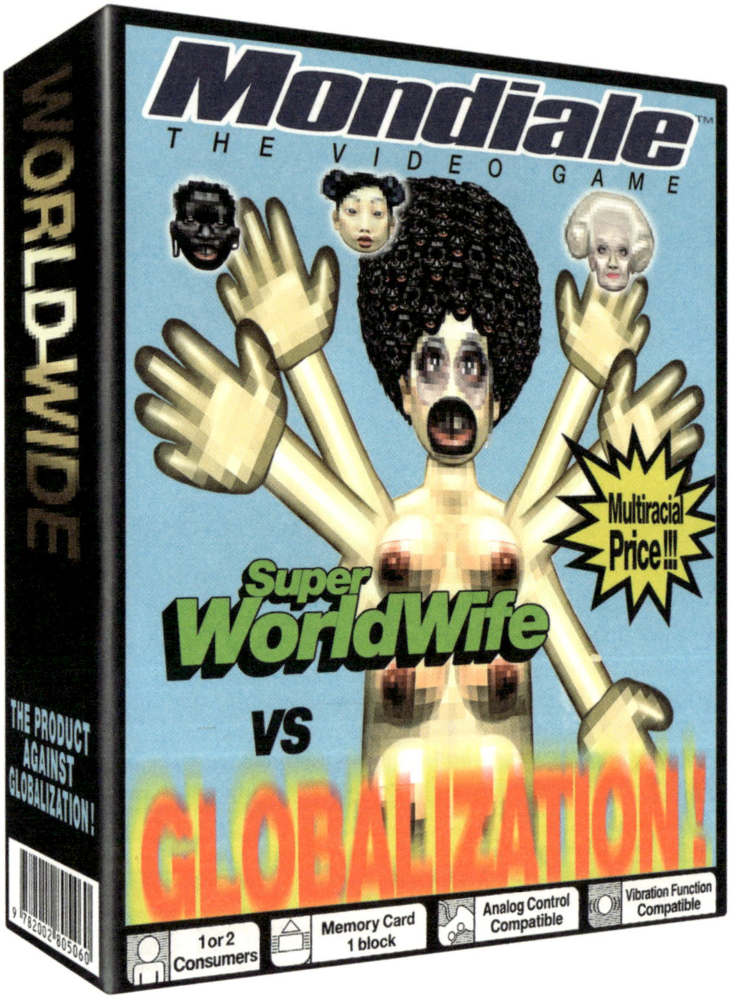
WORLDWIDE
THE PRODUCT AGAINST GLOBALIZATION!
Mondiale™
THE VIDEO GAME
Multiracial Price!!!
Super WorldWife
VS
GLOBALIZATION!
1 or 2 Consumers
Memory Card 1 block
Analog Control Compatible
Vibration Function Compatible

45kg
Wow!
Mondiale™
Exclusive!
WorldWide Product!
SPECIAL OFFER
$99.99
Buy Ten Get One FREE
New!
Wow!
Multiracial Price!
AS SEEN ON
TV
Satisfaction Guarantee!
Fair Trade Label
Wow!
Mondiale
45kg
30% WASP
30% BLACK
30% ASIAN
10% ALIEN

的人權。
何か現れるか、確かめてみよう。
天安門廣場
却絕對容
以使世
女性

YOU WANT ME ?

NOUS AVONS LES MOYENS DE VOUS FAIRE VOULOIR

famille se nourrir
Nestlé
le père
famille se nourrir
la mère
famille se nourrir
KRAFT
le grand-père
famille se nourrir
Coca-Cola
la grand-mère
famille se nourrir
le fils
famille se nourrir
DANONE
la fille
famille s'habiller
NIKE
le père
famille s'habiller
H&M
la mère
famille s'habiller
GAP
le grand-père
famille s'habiller
CHANEL
la grand-mère
famille s'habiller
Reebok
le fils
famille s'habiller
ZARA
la fille
famille se déplacer
le père
famille se déplacer
la mère
famille se déplacer
GM
le grand-père
famille se déplacer
la grand-mère
famille se déplacer
EADS
le fils
famille se déplacer
la fille
famille se parler
vodafone
le père
famille se parler
NOKIA
la mère
famille se parler
le grand-père
famille se parler
la grand-mère
famille se parler
SIEMENS
le fils
famille se parler
la fille

famille se divertir — le père	famille se divertir — la mère	famille se divertir — le grand-père	famille se divertir — la grand-mère	famille se divertir — le fils	famille se divertir — la fille
famille se loger — le père	famille se loger — la mère	famille se loger — le grand-père	famille se loger — la grand-mère	famille se loger — le fils	famille se loger — la fille
famille se soigner — le père	famille se soigner — la mère	famille se soigner — le grand-père	famille se soigner — la grand-mère	famille se soigner — le fils	famille se soigner — la fille

Disciplinée, la publicité fait sans sourciller ce que l'annonceur lui demande et l'annonceur répond sans état d'âme à ce que le consommateur attend de lui.

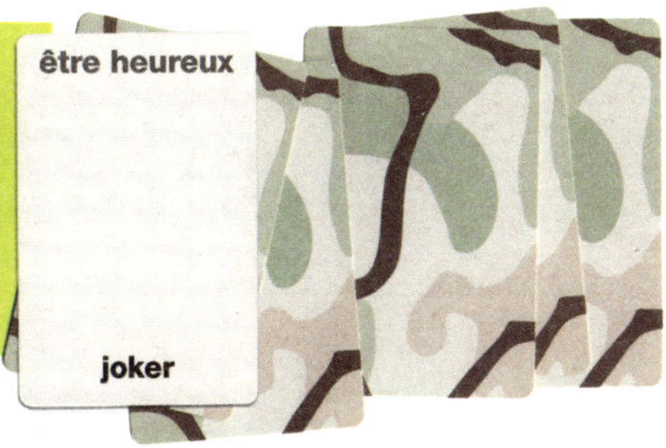

général de 1ère classe dans

l'infanterie du global market

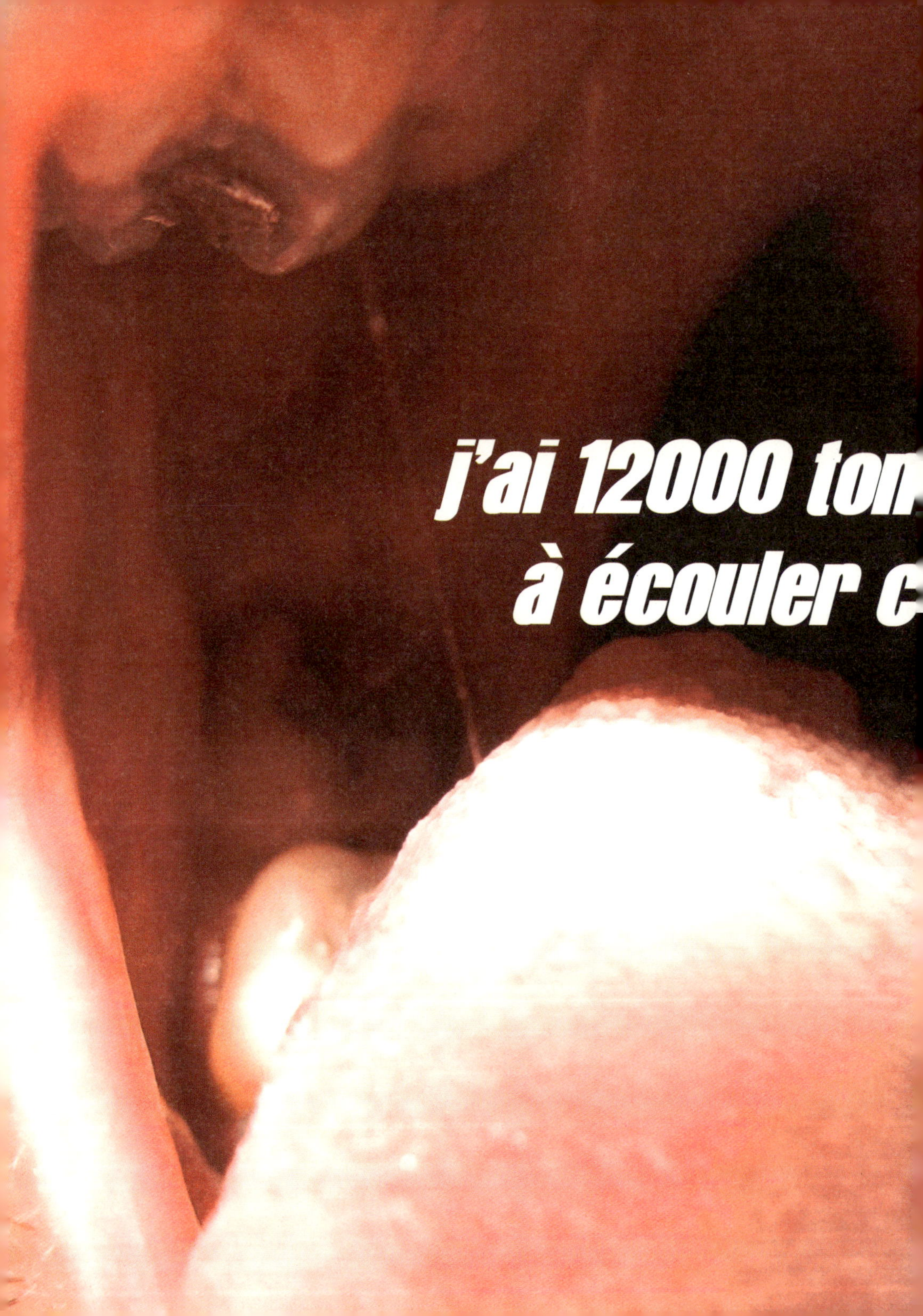
j’ai 12000 ton
à écouler c

nes de yaourt
ette année !

FIFI
Ford
EXXON
TEXAS INSTRUMENTS
baby GAP
STARBUCKS COFFEE
Macintosh

Selon les cas, la publicité peut représenter jusqu'a 25% du prix d'un produit ! Ce qui prouve que nous ne sommes pas regardant à la dépense quand il s'agit de nous laisser bercer d'illusions ! La publicité n'a pas vocation à être éducative, politique ou sociale. Elle est là pour présenter un produit, un service ou une marque sous son meilleur jour parce que derrière, ça ne rigole pas : entreprises, emplois, batailles commerciales, argent, pouvoir, règne.

Stratégies

Stratégies

L'ÉCONOMIE DE LA COMMUNICATION ET DES MÉDIAS

N°1199 / Déc. 2001

OCTAVE PARANGO ET CHARLES NAGOUD
PRENNENT LA TÊTE DE LA CRÉATION
CHEZ ROSS & WITCHCRAFT

CONSOMMATION

Madone défie la vache folle dans les rayons

EURO

Les meilleures campagnes

ANNONCEUR

Mininou en quête d'impact

MANAGEMENT

DU SANG NEUF CHEZ R&W

3 760062 463379

DOGUE
PARIS
nov 30 frs
WHITE
DEMON
BLACK
ANGEL
AU CŒUR DE
CURE
PARADISE
3 760062 463379

économie de gâteau
hypergâteau
part de gâteau
étude de gâteau
supergâteau
gâteau public
gâteau de noel
place de gâteau
gâteau à terme
gâteau concurrentiel
gâteau bio
gâteau aux oiseaux
évolution du gâteau
gâteau en pleine croissance
gâteau mondial
ouverture du gâteau à la
prix du gâteau
second gâteau
gâteau au comptant
gâteau à vue
segment de gâteau
gâteau libre
économie de
opérateur de
analyse du

…ence

le marché est un gâteau à conquérir

…enté
…taire
…eau gâteau
gâteau résiduel
gâteau de masse
gâteau truqué
gâteau de niche
pénétration du gâteau
gâteau unique
prévision du gâteau
gâteau de sous-traitance
passer un gâteau
taux du gâteau
gâteau du travail
leader du gâteau
gâteau de définition
gâteau conclu
verrouillage du gâteau
feuille de gâteau
gâteau des devises
gâteau communautaire
gâteau dérivé
gâteau noir
bon gâteau
cours du gâteau
gâteau parallèle
gâteau de gros
gâteau financier
nouveau gâteau
gâteau émergeant
manipulation du gâteau
gâteau aux esclaves
gâteau géographique
gâteau réglementé
gâteau intérieur
gâteau étranger
loi du gâteau
risques du gâteau
faillite du gâteau …

PNB, en milliards d'euros :

Etats-Unis, 9 620. Japon, 3 700. Allemagne, 2 115. Chine, 1 680. Grande Bretagne, 1 680. France, 1 615. Italie, 1
Pays-Bas, 442. Suisse, 302. Taïwan, 285. Belgique, 276. Suède, 274. Turquie, 253. Autriche, 224. Arabie Saoudite
Finlande, 145. Iran, 138. Argentine, 128. Portugal, 126. Irlande, 123. Israël, 95. Venezuela, 94. Singapour, 88. Emi
(ex-Birmanie), 76. Hongrie, 74. Chili, 70. Egypte, 68. Algérie, 66. Malaisie, 64. Roumanie, 61. Nigéria, 54. Pérou, 5
26. Equateur, 25. Slovénie, 25. Libye, 23. Guatemala, 22. Luxembourg, 22. Tunisie, 21. Biélorussie, 20. Yougoslav
15. République Dominicaine, 15. Costa Rica, 14. Kenya, 13. Salvador, 12. Cameroun, 11. Irak, 11. Lettonie, 11. C
tan, 9. Tanzanie, 9.Yémen, 9. Estonie, 8. Cuba, 8. Ethiopie, 8. Azerbaïdjan, 7. Bahreïn, 7. Ghana, 7. Bosnie, 6. Bol
Macao, 5. Afghanistan, 5. Gabon, 5. Rép. démocrat. du Congo, 5. Turkménistan, 4. Ile Maurice, 4. Mozambique,
Cambodge, 3. Burkina Faso, 3. Mali, 3. Nicaragua, 3 Bahamas, 3. Polynésie Française, 3. Zimbabwe, 3. Arménie,
Calédonie, 2. Moldavie, 2. Jersey & Guernesey, 2. Iles Fidji, 2. Bermudes, 2. Barbade, 2. Laos, 2. Swaziland, 2. A
Aruba, 1. Mongolie,1. Lesotho,1. Guam, 1. Mauritanie, 1. Guyane française, 1. République Centrafricaine, 1. Ando

agne, 814. Canada, 778. Inde, 586. Corée, (N + S), 575. Mexique, 557. Australie, 484. Brésil, 476. Russie, 472.
donésie, 208. Norvège, 203. Pologne, 200. Danemark, 190. Afrique du Sud, 165. Grèce, 161. Thaïlande, 145.
s Unis, 82. République Tchèque, 80. Philippines, 79. Pakistan, 79. Nouvelle-Zélande, 79. Colombie, 77. Myanmar
e, 52. Bangladesh, 48. Koweït, 43. Maroc, 38. Vietnam, 37. Porto Rico, 35. Kazakhstan, 32. Slovaquie, 31. Croatie,
-Monténégro), 19. Bulgarie, 19. Syrie, 19. Lituanie, 17. Soudan, 17. Oman, 17. Sri Lanka, 16. Liban, 16. Angola,
e, 11. Uruguay, 11. Qatar, 11. Panama, 11. Chypre, 10. Islande, 10. Trinidad & Tobago, 9. Jordanie, 9. Ouzbékis-
tswana, 6. Jamaïque, 6. Honduras, 6. Brunei, 6. Sénégal, 5. Albanie, 5. Ouganda, 5. Paraguay, 5. Népal, 5.
e, 4. Géorgie, 4. Martinique, 4. Ile de La Réunion, 4. Macédoine, 4. Zambie, 3. Malte, 3. Madagascar, 3
3. Guadeloupe, 3. Haïti, 3. Tchad, 3. Papouasie-Nouvelle-Guinée, 3. Congo, 3. Guinée, 3. Niger, 2. Nouvelle-
erlandaises, 1. Ile de Man,1. Kirghizstan,1. Tadjikistan,1. Togo,1. Iles Vierges américaines,1. Malawi, 1. Rwanda, 1.
echtenstein, 1. Sierra Leone, 0,7. Groenland, 0,7. Suriname, 0,7. Somalie,0,71. Bélize, 0,6. Monaco, 0,6.

optimisez votre force de frappe

Démocrates de tout bord, dictateurs de tout poil, révolutionnaires de tout horizon, vous avez des idées à faire valoir et des points de vue à imposer ? Optez pour la combinaison média + militaire ! Optimisez votre force d'intervention grâce à des outils de premier ordre : médias de poids et armes de choix. Sélectionnez les informations que vous souhaitez diffuser et dessinez l'ordre du monde qui vous arrange pour frapper avec efficacité les esprits et les territoires.

Jusqu'au 15 janvier 2008,
1 char offert
pour 5 achetés !

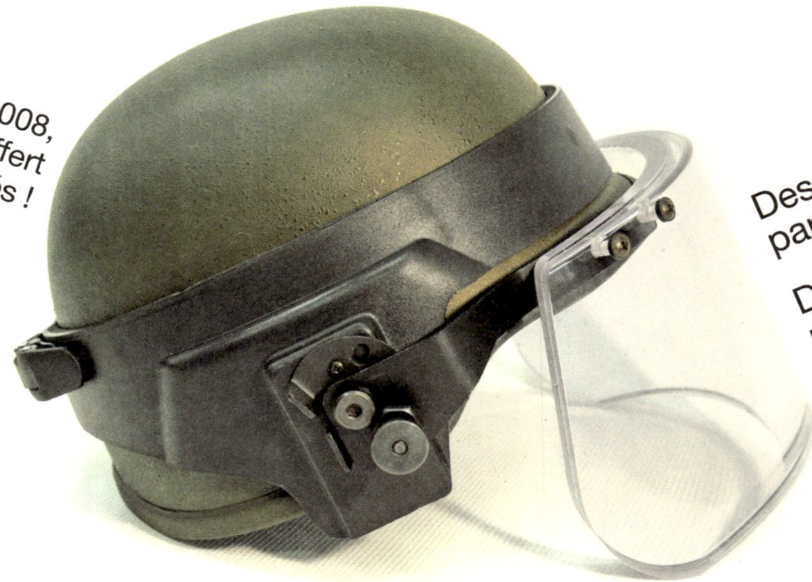

Des lecteurs
par millions !

Des victimes
par milliers !

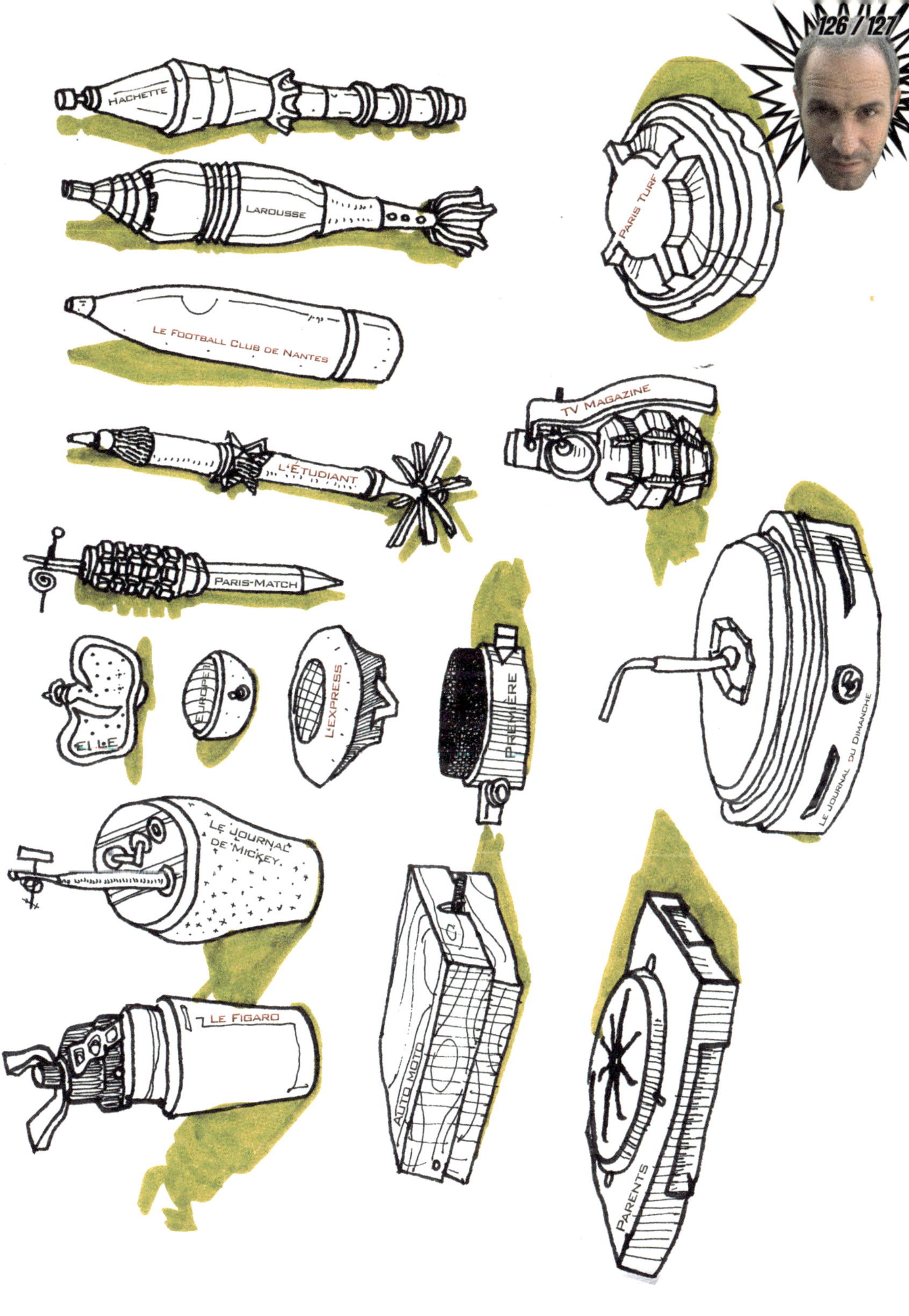
Hachette
Larousse
Le Football Club de Nantes
L'Étudiant
Paris-Match
Elle
Europe 1
L'Express
Première
Le Journal de Mickey
Le Figaro
Auto Moto
Paris Turf
TV Magazine
Le Journal du Dimanche
Parents

104

euros les 30 secondes sur TF1 à 20h30

Marché mondial de la publicité en 2006 : 461 milliards d'euros

800 messages publicitaires par jour et par individu

EN FRANCE

Investissements publicitaires, 2005 :
19,2 milliards d'euros dont :
- presse 33,6 %
- télévision 30,2 %
- radio 16,4 %
- publicité extérieure 12,9 %
- internet 5,9 %
- cinéma 0,9 %

Dépenses publicitaires par secteur d'activité, 2005 :
- distribution 12,2 %
- transport 9,6 %
- télécommunication 9,5 %
- alimentation 9,2 %
- services 9%
- toilette-beauté 6,9 %
- culture et loisirs 6,7 %
- information média 5,5%
- édition 5,5 %
- voyage tourisme 4,3 %

Source : TNS Media Intelligence.

Premiers annonceurs, 2005 *(en millions d'euros)* **:**
- Renault 294,5
- France Télécom 241,1
- Unilever 234
- E. Leclerc 233,7
- SFR 217,5
- Peugeot 198,4
- Nestlé 190,5
- Citroën 177,8
- Carrefour 173,5
- Procter & Gamble 158

Source : TNS Media Intelligence

Métiers de la publicité, 2003 :
129 350 salariés
19 790 entreprises
Source : Insee.

DANS LE MONDE *(en milliards de $)*

Principaux marchés (dépenses publicitaires, déc. 2004) :
- USA 263,8
- Japon 38,02
- Allemagne 18,3
- G.-B. 18,4
- France 11,1
- Italie 9,4
- Chine 9,04

Principaux groupes publicitaires, chiffre d'affaires, 2005 :
- Omnicom Group 10,48
- WPP Group 10,03
- Interpublic Group 6,7
- Publicis Group 5,11
- Dentsu 2,89
- Havas Advertising 1,81

Source : Ad-Age 2006.

Principaux annonceurs, 2004 :
- Procter & Gamble 7,92
- General Motors 3,91
- Unilever 3,46
- Ford Motor 2,80
- L'Oréal 2,65
- Toyota Motor 2,61
- Time Warner 2,49
- Daimler Chrysler 2,37
- Johnson & Johnson 1,92
- Nestlé 1,90
- Walt Disney 1,89
- Nissan Motor 1,81
- Altria Group 1,64
- Honda Motor 1,64
- Coca-Cola 1,51

TARIFS 2006

Affichage mural *(en euros HT)* **:**
- 588 panneaux (1 semaine, Paris + banlieue) : 258 000.
- 15 485 abribus (1 semaine, couverture nationale) : 845 400.
- 450 panneaux de 4 x 3 m (quais du métro parisien, une semaine) : 211 000.

source : Tarif Média

En 2000, 45,5% du CA de la presse en France provient de la publicité.

Durée des écrans publicitaires : *(par heure d'antenne quotidienne)* : TV privées (TF1, M6) = 6 mn (maximum 12 mn/h glissante) ; TV publiques (France 2, France 3, France 5) = 6 mn (maximum 8 mn/h glissante) ; chaînes du câble = en général, 9 mn (max 12 mn/h).

Écran interrompant les œuvres cinématographiques et audiovisuelles : France 2 : interdite ; France 3 : interdite ; TF1 : durée maximale : 4 min (pour œuvres de longue durée) ; M6 : 6 min (sans limitation de durée) ; Canal+ : diffusion en clair uniquement.

ÉCRITURE DU CIEL : Employé pour la 1ère fois par Citroën en 1923. Se pratique à 4 000/6 000m d'altitude par des avions équipés de générateurs de fumée ; texte jusqu'à 30 caractères, plusieurs lignes ; zone de lisibilité du sol : diamètre de 50 à 60 km (hauteur des majuscules : 800 à 900 m, longueur d'un mot de 7 majuscules : environ 6 km) ; visible 10 à 20 min.

000

Spots diffusés :
1994 : 374 105
1998 : 471 913
1999 : 498 270
dont (en milliers) :
TF1 : 133
M6 : 128
France 2 : 109
France 3 : 82
Canal + : 21
La Cinquième : 25.

Durée moyenne d'un spot (en 2003) : 21 s.

Durée publicitaire (en heures, 2004) :
Total TV nationale : 3 043. Par chaîne : TF1 : 846, M6 : 776, France 2 : 536, France 3 : 448, France 5 : 258, Canal+ : 179.

La publicité représente 7 % des programmes TV

Recettes publicitaires (en milliards d'euros)
TF1 (2004) : 1,64
France TV (2002) : 0,95
M6 (2004) : 0,59
Source : La Tribune

350 000 contacts publicitaires entre 0 et 18 ans

Les additifs alimentaires sont des substances chimiques ou naturelles qui :

aident à la conservation du produit, évitent ou réduisent les phénomènes d'oxydation, améliorent la présentation ou la tenue, rendent ou renforcent la couleur de l'aliment, renforcent le goût.

Risque et danger :

E102, E103, E104, E105, E110, E111, E121, E122, E123, E124, E127, E130, E131, E132, E141, E142, E150, E151, E152, E171, E181, E210, E211, E212, E213, E214, E215, E216, E217, E218, E220, E221, E222, E223, E224, E225, E226, E227, E236, E237, E238, E239, E240, E241, E250, E251, E252, E270, E290, E300, E301, E302, E303, E304, E311, E312, E320, E321, E330, E331, E332, E333, E338, E339, E340, E341, E450, E460, E461, E462, E463, E464, E465, E466, E470, E471, E472, E473, E474, E475, E476, E477, glutamate de sodium, ferrocyanure de sodium, ferrocyanure de potassium, manganitrile de fer.

Risque d'allergies :

E102, E105, E110, E120, E123, E124, E125, E126, E330, E331, E332, E333.

Risque de cancers :

E123, E142, E210, E211, E212, E213, E214, E215, E216, E217, E218, E236, E237, E238, E239

E401 : AUCUN RISQUE CONNU

E160a : TOXIQUE À HAUTE DOSE

E450 : TROUBLES DIGESTIFS

E451 : RISQUE D'ALLERGIE, PRODUIT INUTILE QUI SERT JUSTE À RETENIR DE L'EAU POUR AUGMENTER LA MASSE DE L'ALIMENT VENDU AU POIDS

E407 : CANCÉRIGÈNE CHEZ LES RATS

E470a : TROUBLES DIGESTIFS

E316 : TOXIQUE, À ÉVITER À TOUT PRIX

E250 : POTENTIEL CANCÉRIGÈNE, DÉTRUIT LES GLOBULES ROUGES

E331 : ALLERGIES CUTANÉES DES MUQUEUSES BUCALES ET GÉNITALES

E339 : TROUBLES DIGESTIFS, DÉCALCIFICATION

E452 : RISQUE D'ALLERGIE, PRODUIT INUTILE QUI SERT JUSTE À RETENIR DE L'EAU POUR AUGMENTER LA MASSE DE L'ALIMENT VENDU AU POIDS

E330 : ALLERGIES CUTANÉES À HAUTE DOSE

E260 : PAS DE TOXICOLOGIE CONNUE MAIS AUCUNE UTILITÉ

E210 : CANCÉROGÉNÈSE, À ÉVITER À TOUT PRIX

E270 : PRODUIT CHIMIQUE, À ÉVITER

E621 : RISQUE DE VIOLENTS MAUX DE TÊTE, NAUSÉES QUASIMENT ASSURÉES CHEZ LES PERSONNES CARENCÉES EN VITAMINE B6

E202 : AUCUN RISQUE CONNU

E415 : AUCUN RISQUE CONNU

E471 : TROUBLES DIGESTIFS

E466 : TROUBLES DIGESTIFS

E472b : TROUBLES DIGESTIFS

Huile de coprah / huile de palme : Très riches en acides gras saturés, ces huiles sont nocives pour la santé.

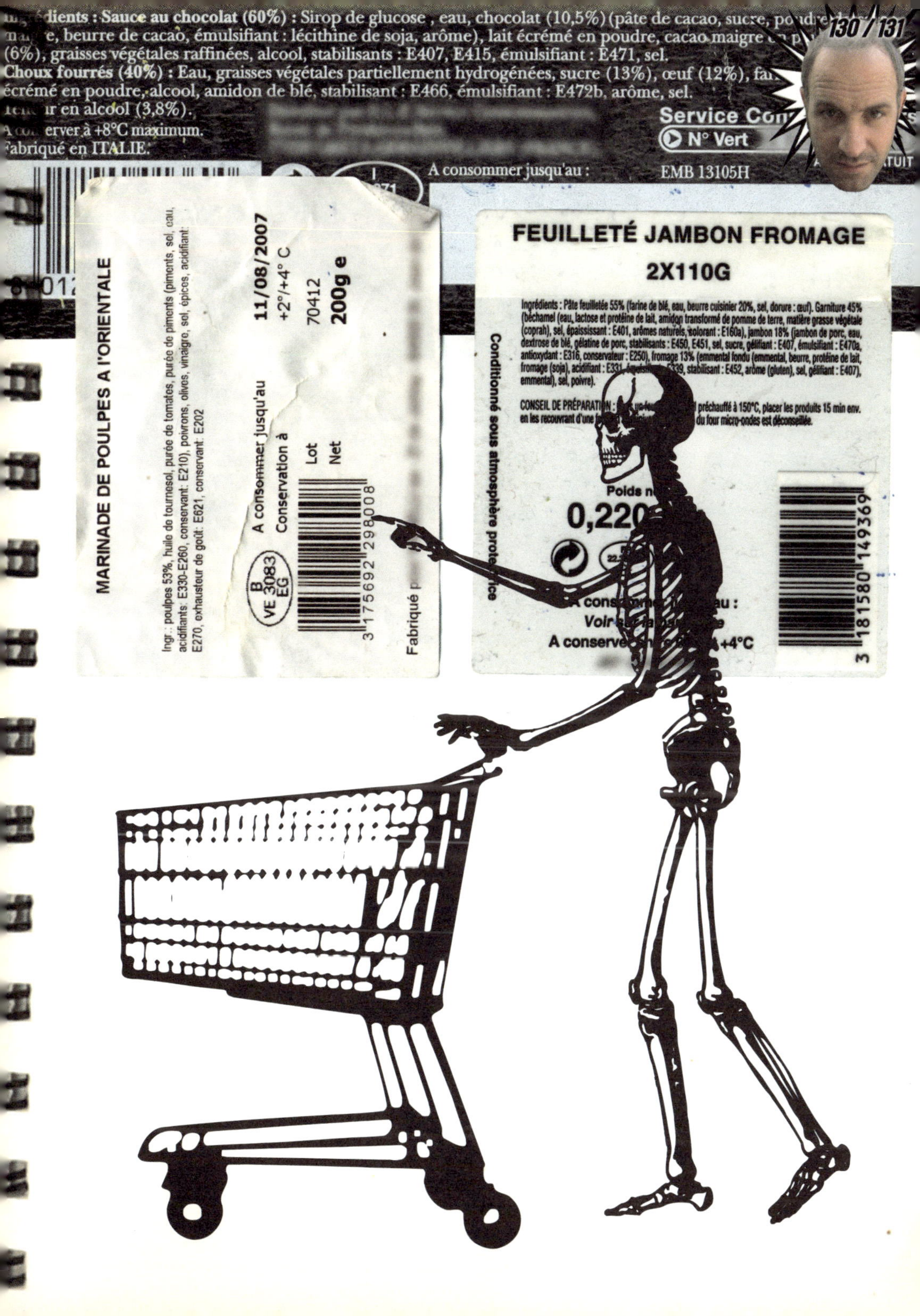

130 / 131
dients : Sauce au chocolat (60%) : Sirop de glucose , eau, chocolat (10,5%) (pâte de cacao, sucre,
e, beurre de cacao, émulsifiant : lécithine de soja, arôme), lait écrémé en poudre, cacao maigre
(6%), graisses végétales raffinées, alcool, stabilisants : E407, E415, émulsifiant : E471, sel.
Choux fourrés (40%) : Eau, graisses végétales partiellement hydrogénées, sucre (13%), œuf (12%),
écrémé en poudre, alcool, amidon de blé, stabilisant : E466, émulsifiant : E472b, arôme, sel.
en alcool (3,8%).
erver à +8°C maximum.
Fabriqué en ITALIE.
Service Con
N° Vert
A consommer jusqu'au :
EMB 13105H
MARINADE DE POULPES A l'ORIENTALE
Ingr.: poulpes 53%, huile de tournesol, purée de tomates, purée de piments (piments, sel, eau, acidifiants: E330-E260, conservant: E210), poivrons, olives, vinaigre, sel, épices, acidifiant: E270, exhausteur de goût: E621, conservant: E202
A consommer jusqu'au 11/08/2007
Conservation à +2°/+4° C
Lot 70412
Net 200g e
B VE 3083 EG
3 175692 298008
FEUILLETÉ JAMBON FROMAGE
2X110G
Ingrédients : Pâte feuilletée 55% (farine de blé, eau, beurre cuisinier 20%, sel, dorure : œuf). Garniture 45% (béchamel (eau, lactose et protéine de lait, amidon transformé de pomme de terre, matière grasse végétale (coprah), sel, épaississant : E401, arômes naturels, colorant : E160a), jambon 18% (jambon de porc, eau, dextrose de blé, gélatine de porc, stabilisants : E450, E451, sel, sucre, gélifiant : E407, émulsifiant : E470a, antioxydant : E316, conservateur : E250), fromage 13% (emmental fondu (emmental, beurre, protéine de lait, fromage (soja), acidifiant : E331, E339, stabilisant : E452, arôme (gluten), sel, gélifiant : E407), emmental), sel, poivre).
CONSEIL DE PRÉPARATION :
préchauffé à 150°C, placer les produits 15 min env.
du four micro-ondes est déconseillée.
Conditionné sous atmosphère protectrice
Poids n
0,220
A conserver +4°C
3 181580 149369

1 cancer sur 3 peut être évité en modifiant notre mode de vie

Régimes alimentaires mal équilibrés, manque d'activité physique, loisirs passifs (TV, ordinateur et jeux vidéo) :
- Augmentation de l'obésité (65% des Américains), maladies cardio-vasculaires et accidents vasculaires cérébraux, prédisposition à la maladie d'Alzheimer (rétrécissement et disparition de cellules du cerveau, perte de mémoire), hypertension artérielle, hypercholestérolémie.

Pollution (systèmes de chauffage et de climatisation, émissions industrielles) :
- Réduction de notre espérance de vie de 9 mois en moyenne, augmentation des affections respiratoires (bronchite, asthme).

Concentration de particules en suspension dans l'air (les PM10 particules émises notamment par les véhicules diesel ; leur petite taille, inférieure à 10 microns, leur permet de s'immiscer au cœur des tissus pulmonaires) :
- 100 000 hospitalisations supplémentaires 400 000 décès estimés chaque année en Europe.

mourir

Rapidité, précarité, endettement, productivité :
- Stress, tabagisme, alcoolisme, perturbation de la vie sociale, affective et sexuelle, maladies mentales, angoisse et dépression.

vivr

Zones de circulation automobile dense :
- Développement pulmonaire réduit chez les enfants en période de croissance, limite de la capacité respiratoire pour le restant de la vie, augmentation des maladies respiratoires et cardio-vasculaires.

Alimentation industrielle saturée en graisses, en sel et en sucres :
- Obésité, hypertension artérielle, hypercholestérolémie, maladies cardio-vasculaires, diabète, vieillissement prématuré de la peau.

Réchauffement climatique :
- Favorise la réapparition du choléra et du paludisme, contamination de l'eau et de l'air.

Pesticides :
- Cause possible parmi d'autres de la maladie de Parkinson.

- *Les maladies cardio-vasculaires (première cause de mortalité en Europe et dans les pays industrialisés) coûtent 135 milliards d'euros*
- *Le tabac (première cause de mortalité évitable en Europe) coûte 100 milliards d'euros*
- *L'obésité coûte entre 70 et 150 milliards d'euros par an en Europe*

jeune,
e vite
DESIGN CHRISTOPHER D. 2001

LOI EVIN (extraits)

10 janvier 1991, parue au J.O. du 12 janvier 1991

Chapitre 1 : Classification des boissons

Article L3321-1

Les boissons sont, en vue de la réglementation de leur fabrication, de leur mise en vente et de leur consommation, réparties en cinq groupes :

1° Boissons sans alcool : eaux minérales ou gazéifiées, jus de fruits ou de légumes non fermentés ou ne comportant pas, à la suite d'un début de ermentation, de traces d'alcool supérieures à 1,2 degré, limonades, sirops, infusions, lait, café, thé, chocolat ;

2° Boissons fermentées non distillées : vin, bière, cidre, poiré, hydromel, auxquelles sont joints les vins doux naturels bénéficiant du régime fiscal des vins, ainsi que les crèmes de cassis et les jus de fruits ou de légumes fermentés comportant de 1,2 à 3 degrés d'alcool ;

3° Vins doux naturels autres que ceux appartenant au groupe 2, vins de liqueur, apéritifs à base de vin et liqueurs de fraises, framboises, cassis ou cerises, ne titrant pas plus de 18 degrés d'alcool pur ;

4° Rhums, tafias, alcools provenant de la distillation des vins, cidres, poirés ou fruits, et ne supportant aucune addition d'essence ainsi que liqueurs édulcorées au moyen de sucre, de glucose ou de miel à raison de 400 grammes minimum par litre pour les liqueurs anisées et de 200 grammes minimum par litre pour les autres liqueurs et ne contenant pas plus d'un demi-gramme d'essence par litre ;

5° Toutes les autres boissons alcooliques.

Chapitre 3 : Publicité des boissons

Article L3323-1

Dans tous les débits de boissons, un étalage des boissons non alcooliques mises en vente dans l'établissement est obligatoire.

L'étalage doit comprendre au moins dix bouteilles ou récipients et présenter, dans la mesure où le débit est approvisionné, un échantillon au moins de chaque catégorie des boissons suivantes :

a) Jus de fruits, jus de légumes ;

b) Boissons au jus de fruits gazéifiées ;

c) Sodas ;

d) Limonades ;

e) Sirops ;

f) Eaux ordinaires gazéifiées artificiellement ou non ;

g) Eaux minérales gazeuses ou non.

Cet étalage, séparé de celui des autres boissons, doit être installé en évidence dans les lieux où sont servis les consommateurs.

Article L3323-2

La propagande ou la publicité, directe ou indirecte, en faveur des boissons alcooliques dont la fabrication et la vente ne sont pas interdites sont autorisées exclusivement :

1° Dans la presse écrite à l'exclusion des publications destinées à la jeunesse, définies au premier alinéa de l'article 1er de la loi n° 49-956 du 16 juillet 1949 sur les publications destinées à la jeunesse ;

2° Par voie de radiodiffusion sonore pour les catégories de radios et dans les tranches horaires déterminées par décret en Conseil d'Etat ;

3° Sous forme d'affiches et d'enseignes ; sous forme d'affichettes et d'objets à l'intérieur des lieux de vente à caractère spécialisé, dans des conditions définies par décret en Conseil d'Etat ;

4° Sous forme d'envoi par les producteurs, les fabricants, les importateurs, les négociants, les concessionnaires ou les entrepositaires, de messages, de circulaires commerciales, de catalogues et de brochures, dès lors que ces documents ne comportent que les mentions prévues à l'article L. 3323-4 et les conditions de vente des produits qu'ils proposent ;

5° Par inscription sur les véhicules utilisés pour les opérations normales de livraison des boissons, dès lors que cette inscription ne comporte que la désignation des produits ainsi que le nom et l'adresse du fabricant, des agents ou dépositaires, à l'exclusion de toute autre indication ;

6° En faveur des fêtes et foires traditionnelles consacrées à des boissons alcooliques locales et à l'intérieur de celles-ci, dans des conditions définies par décret ;

7° En faveur des musées, universités, confréries ou stages d'initiation œnologique à caractère traditionnel ainsi qu'en faveur de présentations et de dégustations, dans des conditions définies par décret ;

8° Sous forme d'offre, à titre gratuit ou onéreux,

L'Illustration, 1935.

d'objets strictement réservés à la consommation de boissons contenant de l'alcool, marqués à leurs noms, par les producteurs et les fabricants de ces boissons, à l'occasion de la vente directe de leurs produits aux consommateurs et aux distributeurs ou à l'occasion de la visite touristique des lieux de fabrication.

Toute opération de parrainage est interdite lorsqu'elle a pour objet ou pour effet la propagande ou la publicité, directe ou indirecte, en faveur des boissons alcooliques.

Article L3323-3

Est considérée comme propagande ou publicité indirecte la propagande ou publicité en faveur d'un organisme, d'un service, d'une activité, d'un produit ou d'un article autre qu'une boisson alcoolique qui, par son graphisme, sa présentation, l'utilisation d'une dénomination, d'une marque, d'un emblème publicitaire ou d'un autre signe distinctif, rappelle une boisson alcoolique.

Toutefois, ces dispositions ne sont pas applicables à la propagande ou à la publicité en faveur d'un produit autre qu'une boisson alcoolique qui a été mis sur le marché avant le 1er janvier 1990 par une entreprise juridiquement ou financièrement distincte de toute entreprise qui fabrique, importe ou commercialise une boisson alcoolique.

Article L3323-4

La publicité autorisée pour les boissons alcooliques est limitée à l'indication du degré volumique d'alcool, de l'origine, de la dénomination, de la composition du produit, du nom et de l'adresse du fabricant, des agents et des dépositaires ainsi que du mode d'élaboration, des modalités de vente et du mode de consommation du produit.

Cette publicité peut comporter des références relatives aux terroirs de production et aux distinctions obtenues.

Le conditionnement ne peut être reproduit que s'il est conforme aux dispositions précédentes.

Toute publicité en faveur de boissons alcooliques, à l'exception des circulaires commerciales destinées aux personnes agissant à titre professionnel ou faisant l'objet d'envois nominatifs ainsi que les affichettes, tarifs, menus ou objets à l'intérieur des lieux de vente à caractère spécialisé, doit être assortie d'un message de caractère sanitaire précisant que l'abus d'alcool est dangereux pour la santé.

L3323-5

Il est interdit de remettre, distribuer ou envoyer à des mineurs des prospectus, buvards, protège-cahiers ou objets quelconques nommant une boisson alcoolique, ou en vantant les mérites ou portant la marque ou le nom du fabricant d'une telle boisson.

Article L3323-6

(Loi nº 2003-709 du 1 août 2003 art. 23 Journal Officiel du 2 août 2003)

Le ou les initiateurs d'une opération de mécénat peuvent faire connaître leur participation par la voie exclusive de mentions écrites dans les documents diffusés à l'occasion de cette opération ou libellées sur des supports disposés à titre commémoratif à l'occasion d'opérations d'enrichissement ou de restauration du patrimoine naturel ou culturel.

living unde

r copyright

janvier

1	Sainte Nike
2	Sainte Apple
3	Sainte Mc Donald's
4	Saint Michelin
5	Saint Reebok
6	Saint Puma
7	Sainte Coca Cola
8	Saint Renault
9	Saint Peugeot
10	Sainte Ikea
11	Sainte Habitat
12	Saint Nokia
13	Saint Siemens
14	Saint Heudebert
15	Saint Nestlé
16	Saint Danone
17	Sainte L'Oréal
18	Sainte Garnier
19	Sainte Yahoo
20	Sainte Google
21	Sainte William saurin
22	Sainte Orange
23	Sainte France Telecom
24	Sainte Newsweek
25	Sainte Cote d'Or
26	Saint Poulain
27	Sainte Honda
28	Sainte Toyota
29	Sainte Mercedes
30	Sainte BMW
31	Sainte Air France

février

1	Saint Crédit Agricole
2	Sainte British Airways
3	Sainte Amora
4	Sainte Hein
5	Sainte KFC
6	Sainte Kodak
7	Sainte Hermes
8	Sainte Canon
9	Sainte Havas
10	Sainte Hewlett Packard
11	Sainte Clarins
12	Sainte Crédit Lyonnais
13	Saint Casino
14	Sainte Club Mediterranée
15	Sainte Xerox
16	Sainte Compaq
17	Sainte Monoprix
18	Sainte Pages Jaunes
19	Sainte Auchan
20	Sainte Good Year
21	Saint Jean-Louis David
22	Sainte cartier
23	Sainte Chanel
24	Sainte Miss Sixty
25	Sainte Volvo
26	Sainte Francine
27	Sainte Interflora
28	Sainte Veolia
29	Sainte Banania

DESIGN CHRISTOPHER D. 2004

mars

1	Sainte Leclerc
2	Sainte Seat
3	Sainte Adecco
4	Sainte AGF
5	Sainte Vedior Bis
6	Sainte Kelkoo
7	Sainte Optic 2000
8	Saint Mitsubishi
9	Sainte Alstom
10	Sainte Bonduelle
11	Sainte Macif
12	Sainte Dim
13	Sainte Sodexho
14	Sainte Thomson
15	Sainte Banga
16	Sainte Fram
17	Sainte Essilor
18	Sainte Citroen
19	Saint Aiwa
20	Sainte Canal +
21	Sainte Vichy Celestins
22	Sainte Cap Gemini
23	Sainte Calgon
24	Sainte Beghin Say
25	Sainte Benedicta
26	Saint Alain Afflelou
27	Sainte Candia
28	Sainte Benetton
29	Sainte Fujifilm
30	Sainte Epson
31	Sainte Porsche

avril

1	Sainte Fleury Michon
2	Saint Sephora
3	Sainte Hippopotamus
4	Sainte Chevignon
5	Sainte Vivendi
6	Sainte Haagen Dazs
7	Sainte Moet Hennessy
8	Sainte Vuitton
9	Sainte Meetic
10	Saint Seb
11	Saint Mittal arcelor
12	Sainte La Poste
13	Saint Picard
14	Sainte Rhodia
15	Sainte Mercier
16	Sainte Findus
17	Sainte Opel
18	Sainte Maille
19	Sainte Warner
20	Sainte JC Decaux
21	Saint Bic
22	Sainte Century 21
23	Sainte Nouvelles Frontieres
24	Sainte Stella Artois
25	Saint Gordon's
26	Saint Gillette
27	Sainte Alitalia
28	Sainte Continental
29	Sainte Sony
30	Sainte Skyrock

mai

1	Sainte Super Croix
2	Sainte Le Chat
3	Sainte Fujitsu
4	Sainte Isio 4
5	Saint Pioneer
6	Sainte Club Internet
7	Sainte Air Afrique
8	Sainte Publicis
9	Sainte Caisse d'epargne
10	Sainte NRJ
11	Sainte Knorr
12	Sainte Maggi
13	Sainte Swissair
14	Saint Ariel
15	Sainte Cetelem
16	Sainte DHL
17	Saint Skip
18	Sainte RATP
19	Sainte Walt Disney
20	Sainte Capgemini
21	Saint Levis
22	Saint Yves Saint Laurent
23	Saint Helmut Lang
24	Saint Colgate
25	Saint Adidas
26	Saint Fila
27	Saint Ducros
28	Sainte Pampers
29	Saint Vans
30	Saint Aquafresh
31	Sainte Qantas

juin

1	Saint Dassau
2	Saint EAD
3	Saint Kellogg
4	Sainte Pringle
5	Saint Boein
6	Saint Sh
7	Saint Tot
8	Sainte Ike
9	Sainte Cachar
10	Sainte Ferra
11	Sainte Play Static
12	Sainte Dolce & Gabbar
13	Sainte Aston MArt
14	Sainte Technic
15	Saint Pierre & Vacance
16	Saint Di
17	Sainte Bang & Olufse
18	Saint Jean Paul Gaulti
19	Saint Jardilan
20	Saint Fi
21	Sainte Agnes
22	Sainte Biother
23	Saint Hugo Bos
24	Sainte Dunkin'Donu
25	Saint Fred Per
26	Sainte Actim
27	Sainte Cadill
28	Sainte Lancom
29	Saint 3 suiss
30	Sainte Piper Heidsiec

Orange n'est pas une couleur, c'est une marque !

juillet		août	
1	Saint Tropicana	1	[illegible]
2	Sainte MMA	2	[illegible]
3	Saint Jacadi	3	[illegible]
4	Saint Uncle Bens	4	[illegible]
5	Saint Monster	5	[illegible]
6	Saint France Loisirs	6	[illegible]
7	Saint MBK	7	[illegible]
8	Saint Reynolds	8	Saint Volvic
9	Sainte OCB	9	Sainte Schweppes
10	Sainte Airbus	10	Saint Lesieur
11	Saint Dove	11	Saint Sergio Tacchini
12	Saint Ushuaia	12	Saint Le Coq Sportif
13	Saint Moulinex	13	Saint Kappa
14	Saint Kawasaki	14	Sainte Perle de Lait
15	Saint Bounty	15	Saint Reflets de France
16	Saint Zippo	16	Saint Tourtel
17	Saint Rizla+	17	Saint Miko
18	Saint Epic	18	Saint Buffalo Grill
19	Saint Fnac	19	Sainte La Brioche Dorée
20	Saint Mercury	20	Saint Direct Assurance
21	Saint Kickers	21	Saint Atoll
22	Saint Versace	22	Saint Grand Marnier
23	Saint Darty	23	Sainte Lapeyre
24	Saint Tefal	24	Saint Super Glue
25	Saint Bosch	25	Saint Europe 1
26	Sainte Sonia Rykiel	26	Saint Pierre Cardin
27	Sainte Europcar	27	Sainte Nina Ricci
28	Sainte Speedy	28	Saint Justin Bridou
29	Saint Dunlop	29	Sainte Soupline
30	Saint Chevrolet	30	Saint Flanby
31	Saint Quick Time	31	Saint Jésus

eptembre		octobre		novembre		décembre	
	Saint Buitoni	1	Saint Bnp Paripas	1	Sainte Barclays	1	Saint Crédit Mutuel
	Saint Taureau ailé	2	Saint Post it	2	Saint Pernod Ricard	2	Saint Mars
	Saint Clarks	3	Saint Atos	3	Saint Decathlon	3	Saint Pepsi
	Sainte La Redoute	4	Saint Carhartt	4	Sainte Sanb	4	Sainte Nutella
	Sainte Center Parcs	5	Sainte SNCF	5	Sainte Eurosport	5	Saint St Yorre
	Saint Perrier	6	Sainte Malibu	6	Sainte CIC	6	Saint Snickers
	Sainte Orangina	7	Sainte Barbie	7	Saint Hertz	7	Saint JVC
	Sainte Vichy	8	Sainte Absolut	8	Saint Areva	8	Sainte Hyundai
	Sainte Sprite	9	Sainte Mobil	9	Saint Leroy Merlin	9	Saint Cetelem
	Saint Flanby	10	Sainte Arte	10	Saint Visa	10	Saint Bordeau Chesnel
	Saint IBM	11	Saint Crédit Lyonnais	11	Sainte Schneider	11	Sainte 1664
	Sainte Vittel	12	Saint Lagardere	12	Sainte Bricorama	12	Sainte Budweiser
	Sainte Fisher Price	13	Saint Cartoon Network	13	Sainte Seiko	13	Saint Haribo
	Sainte Playmobil	14	Saint Groupama	14	Sainte Swatch	14	Sainte Alice
	Sainte Rolex	15	Sainte HSBC	15	Sainte Tissot	15	Sainte Butagaz
	Sainte Waterman	16	Sainte ING Direct	16	Sainte Yamaha	16	Saint Arthur Martin
	Saint Burger King	17	Sainte Norauto	17	Sainte Audi	17	Sainte Fanta
	Sainte Accor	18	Saint Salomon	18	Saint Mumm	18	Saint Kookai
	Sainte British Telecom	19	Sainte Lycos	19	Saint Panzani	19	Saint Mobalpa
	Sainte Rolls Royce	20	Sainte Europ Assistance	20	Saint Bacardi	20	Saint Avis
	Saint Wanadoo	21	Sainte Eurostar	21	Saint Flunch	21	Saint Jacques Vabre
	Sainte Lipton	22	Sainte Caterpillar	22	Saint LCI	22	Saint Microsoft
	Sainte Marlboro	23	Sainte Fortis	23	Saint Budget	23	Saint Continental Airlines
	Sainte Bull	24	Saint Corona	24	Sainte Contrex	24	Sainte Milka
	Sainte Princesse Tam Tam	25	Saint Conforama	25	Sainte Bridgestone	25	Sainte Twix
	Sainte Aubade	26	Sainte Rossignol	26	Sainte Mattel	26	Sainte Tahiti Douche
	Sainte Discovery Channel	27	Sainte Smirnoff	27	Saint Ricoré	27	Saint Harley Davidson
	Sainte iPod	28	Saint Lacoste	28	Saint TDK	28	Saint Yoplait
	Saint Toys' R' us	29	Sainte Crédit du Nord	29	Saint Puget	29	Saint Chambourcy
	Saint Bouygues	30	Sainte Léon de Bruxelles	30	Saint Lindt	30	Saint Air Liquide
		31	Saint Gaz de France			31	Saint Allianz

L'IMAGINATION
DANS LE BON SENS DEFIE TOUTE LOGIQUE

Par amour de l'automobile
ne pas **confondre** avec une voiture.

LE MONDE SANS FIL EST **à suivre...**

GARANTI PAR LES LABORATOIRES Assurément humain.

On devrait toujours comparer sa voiture à LA BANQUE D'UN MONDE QUI CHANGE

DANS HOMME D'AFFAIRES IL Y A A FOND LA FORME

QUI VOUS COMPREND MIEUX QU'
La voiture que vous allez aimer un tout petit peu trop

VOUS APPORTER L'ESSENTIEL DE LA VIE
ON EN MANGERAIT.

Le monde du vin
ça fait
avancer
ET TELLEMENT + ENCORE

À NOUS DE VOUS FAIRE PRÉFÉRER *Le pays où la vie est moins chère*

LA SANTÉ PASSE AUSSI PAR le plus bel endroit de la terre

CONNECTING Des idées fraîches

Votre potentiel, notre passion Un monde de différence

Faisons toujours toujours plus
qu'un simple numéro

POUR QUE L'AUTOMOBILE SOIT TOUJOURS
Déclarée source de jeunesse par votre corps
Nous vous devons plus que la lumière.

donner au monde l'énergie d'être Essentiel

vous n'imaginez pas tout ce que LA VIE. LA VRAIE peut faire pour vous

ET SI LE VRAI LUXE C'ÉTAIT D'ÊTRE UNE GROSSE FEIGNASSE*

A chaque apparition,
LA RÉALITÉ EST TOUJOURS
PLUS FORTE QUE LA FICTION

Etre-re you can*

je positive Parce que je le vaux bien.

N°5
MICHELIN

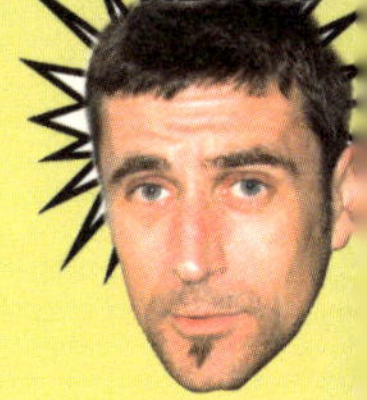

HERTA
Universal
PUMA
Société Générale
DUREX
Cartier
NIKE
Tati

LE COQ SPORTIF
NIKE
MOTOR
IR-FRANCE
CYCLES
Fauch
areva
Natural Spring Water
HERTA
TF1

146 / 147
l'origine
de la fin
du monde

Pendant la montée d'un shoot publicitaire, nous conduisons un gros 4x4 avec satisfaction et ressentons la sensation de pouvoir que sa vitesse et son ronflement cossu procurent, nous consommons de la nourriture industrielle variée, pratique et séduisante, nous assouvissons nos envies naturelles de beauté et de séduction et nous courons après la moindre économie possible pour soulager notre portefeuille mais pendant la descente, nous observons

les effets dévastateurs sur la planète, nous subissons des maladies liées à notre mode de vie, nous pleurons des centaines d'animaux massacrés chaque année pour fournirl'industrie cosmétique et nous feignons le dégoût lorsque nous voyons au journal de 20h des images de délocalisations massives à l'autre bout du monde pour baisser les coûts de production.

Ce monde meilleur est une marque déposée.™

DESIGN CHRISTOPHER D. 2007

L'HOMME EST UN PRODUIT COMME LES AUTRES

Le système a atteint son but, même la désobéissance est devenue une forme d'obéissance.

http://www.snmdiffusion.fr/

Grossiste en articles religieux

http://www.lourdes-bernadette.fr/

Vente de souvenirs, statues, médailles & parfums en direct de Lourdes

http://www.mission-sainte-bernadette.com/php/boutique.php

Exorcisme, désenvoûtement, vente d'objets religieux

http://www.maboutiquechretienne.com/

Site N°1 de téléchargements chrétiens de musique, prédications, vidéo et livres

http://cathedral-gifts.stores.yahoo.net/crcr20.html

Vente en ligne d'objets et de souvenirs religieux de la Crystal Cathedral du télévangéliste Robert Schuller

http://www.lourdesjubilate2008.com/

Souvenirs aux couleurs du 150e anniversaire des Apparitions de Lourdes !

http://www.messagerchretien.com/

Bibles, livres et articles religieux

http://www.lechretien.com/

La librairie chrétienne en ligne avec des milliers de références en livres, bibles, musiques et objets

http://www.biblesociety.com.au/smsbible/

Envoyez la Bible par sms !

http://www.chasuble.fr/

Vente en ligne d'objets d'art liturgiques

sc

PIN99

OCULIS IN EORUM SUNT IN LUCE TUEMUR PROPTEREA QUIA, M CON-FESTIM LUCIDUS AER, QUI QUASI PURGAT EO MULTISQUE MINUTIOR, ET MAGE POLLENS.

ewing people

OCULIS IN EORUM SUNT IN LUCE TUEMUR PROPTEREA QUIA, M CONFESTIM LUCIDUS AER, QUI QUASI PURGAT EO MULTISQUE MINUTIOR, E

KONIA

VIVRE PROVO

La vitesse nuit gravement à votre santé et à celle de la planète

plastique polue

certains paysages nuisent à votre planète

Fume tue

QUE LA MORT

ça chauffe !!!

pas de fumée
sans feu !

VENTE
LIBRE
en posséder
vous nuit gravement
et met en danger
votre entourage

OBSOLET

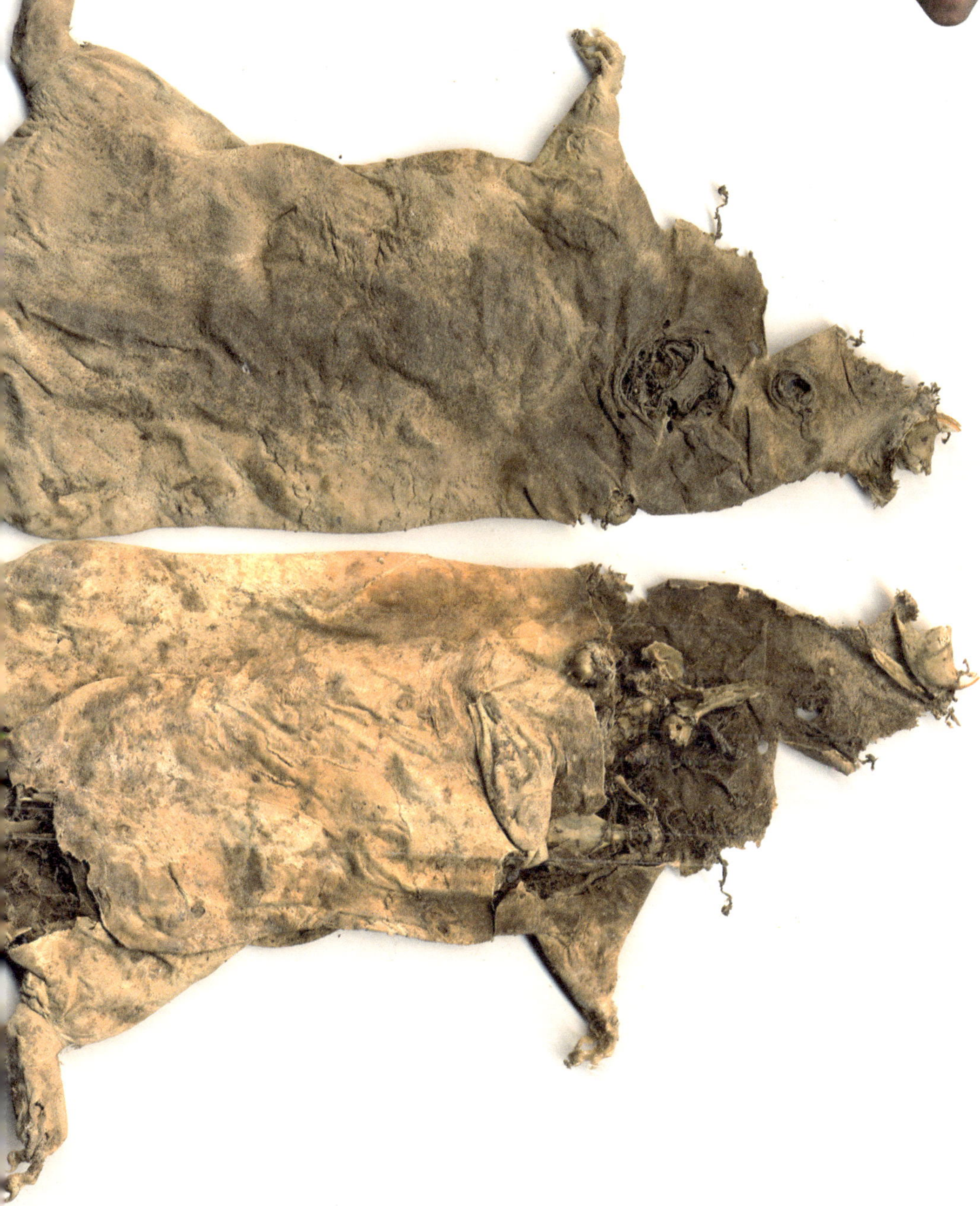

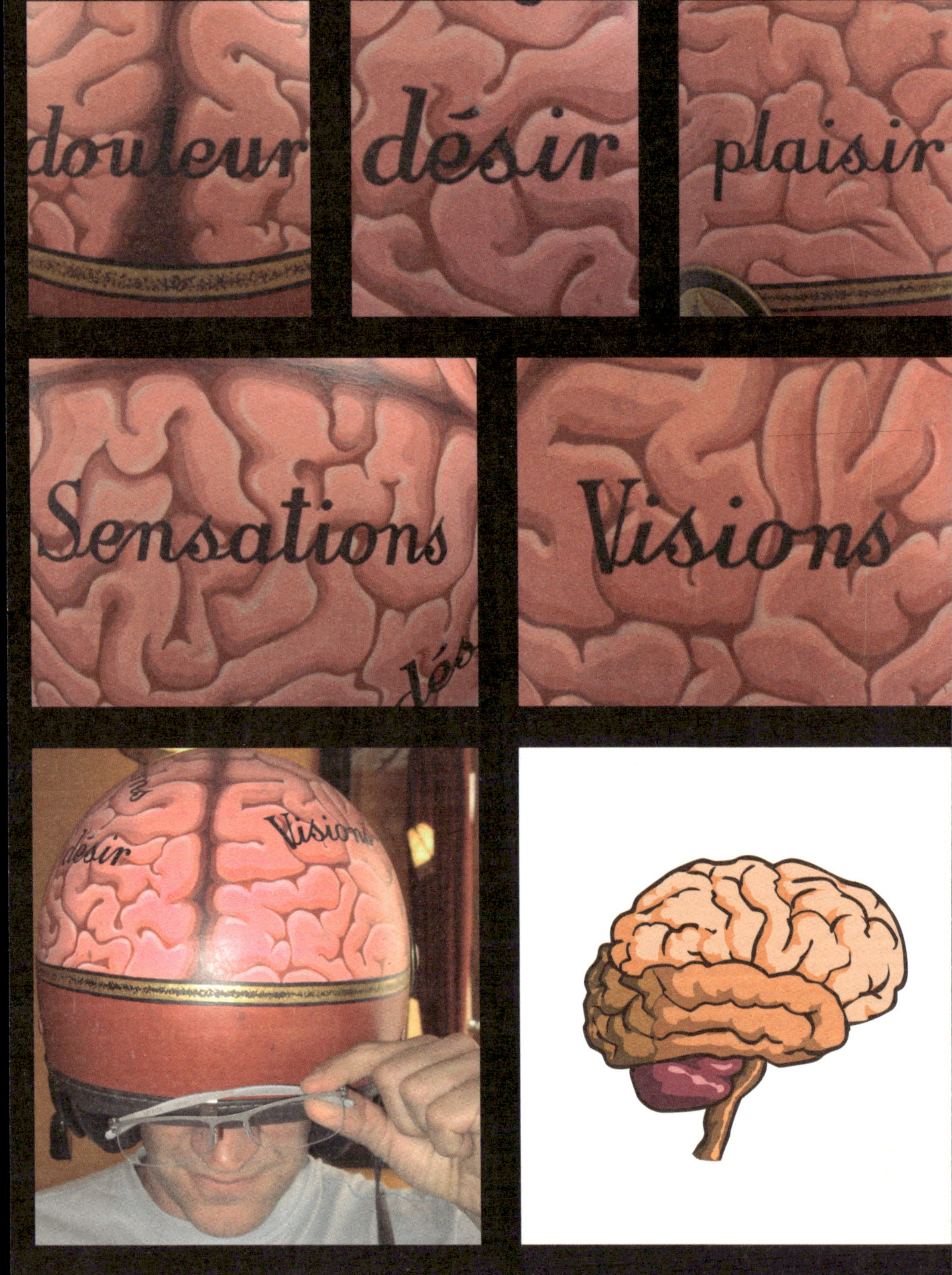

« Mon travail est de vendre du temps de cerveau disponible à Coca-Cola. » *Citation de Patrick Lelay, PDG de TF1*, extrait de *Les Dirigeants face au changement*, Éditions du Huitième jour, 2004.

la question c'est pas la drogue, mais laquelle ?

TOUCHE PAS À MA DOPE
s.o.s n'importe quoi
Have a nice Trip!
CANAL+
F2
en France
3H30 en moyenne de TV tous les jours.
LE GROS BAD

rehab is for quitters*

il n'y a pas que la drogue qui provoque le manque

Une drogue est une substance, autre que les aliments, absorbée pour modifier la façon dont le corps ou l'esprit fonctionne. L'addiction est une caractéristique comportementale qui se reconnaît à une envie constante et irrépressible, en dépit de la motivation et des efforts du sujet pour y échapper.

Il est intéressant d'observer le ballet des interdictions d'une société car elles sont riches d'enseignements concernant son organisation. Les excitants (mis à part les substances très toxiques comme la cocaïne) sont autorisés (café, tabac, etc.) car ils permettent à l'individu de produire plus et d'être davantage efficace au sein du système. Parallèlement, l'herbe (la beuh) est interdite car elle aura tendance à ralentir l'individu, lui faire reconsidérer la nécessité de son travail ou même remettre en cause le système dans lequel il vit (se questionner sur les principes de ce dernier afin de l'améliorer est d'ailleurs un effet assez sain).

D'une autre manière, certains peuples indigènes utilisent des plantes psychotropes pour soigner (les plantes modificatrices de conscience sont au centre de leur culture artisanale et de leur vision du réel). L'arrivée de la télévision, par exemple, sera vue par des chefs de communautés comme l'intrusion au sein de leur groupe d'une drogue aussi toxique que dangereuse pour l'équilibre général de leur société.

COCAÏNE (coke, coca, cristal, neige, c...)
- psychotrope classé dans la catégorie des stimulants, obtenu à partir de la distillation des feuilles séchées de la plante de coca
- 60 € le gramme
- se sniffe, s'injecte, se fume, se gobe
- effet 3 mn après l'absorption et dissipation après 30 mn
- stimulant, sensation d'euphorie et d'amélioration de la performance, sentiment de toute-puissance et d'hyperactivité, exaltation
- dépendance psychologique très forte et rapide, tachycardie, bradycardie, dilatation pupillaire, augmentation et diminution de la pression artérielle, transpiration, frissons, nausées, vomissements, troubles psychomoteurs, faiblesse musculaire, dépression respiratoire ou arythmies cardiaques, confusion, crises convulsives et risque de coma, risques de perforations de la paroi nasale, méfiance, paranoïa, complications physiques et mentales...

ALCOOL (pillave, tise, zeti...)
- alcool éthylique ou éthanol, substance chimique obtenue par la fermentation de fruits, de légumes ou de céréales.
- 1 €
- se boit, s'inhale
- effet 10 mn après l'absorption et dissipation après 6 à 17 h
- impression de facilité intellectuelle et relationnelle, excitation, ébriété, libération des tendances instinctives
- perte du contrôle des fonctions intellectuelles, perte d'appréciation objective de la réalité, démarche instable, parole hésitante, pensée confuse, gestes non contrôlés et non coordonnés, pupilles dilatées, nausées, vomissements ou diarrhées, intoxication de l'organisme, infections cutanées, dépression, coma, hallucinations, convulsions, réactions violentes, jalousie, paranoïa, perturbation de la vie sociale et familiale, culpabilité, honte, au pancréas et aux reins, affaiblissement de la mémoire, hémorragie cérébrale, atteinte du muscle cardiaque, cirrhose du foie, risques de cancer, impotence et stérilité, vieillissement prématuré.

CAFÉINE (kawa, petit noir...)
- molécule de la famille des méthylxanthines, présente dans de nombreux aliments comme les grains de café, le thé ou le cacao. Poudre blanche à l'état pur d'un goût très amer.
- 2 €
- se boit, se mange
- augmentation de l'activité nerveuse et libération d'adrénaline
- dépendance physiologique, irrégularité des battements cardiaques, tremblements, irritabilité et nervosité, insomnies, anxiété et dépression, risques de maladies cardio-vasculaires, de crises cardiaques et de cancers, état de manque, vasodilatation, action au niveau des muscles squelettiques, du flux sanguin rénal, apparition de taches sur la dentition, brûlures d'estomac, maux de tête, fatigue, apathie, risques d'intoxication, troubles gastro-intestinaux, pensées et propos décousus, agitation psychomotrice dans certains cas.

INTERNET (toile, web, ouais-ouais-ouais, net, réseau...)
- réseau informatique mondial (nternet est un mot-valise pour «interconnected networks»)
- 15 € par mois ou 1€ la minute
- se connecte, se regarde, se consulte, s'allume
- sentiment de puissance, de rapidité, d'universalité, de pouvoir, de distraction...
- perte de contact avec la vie réelle, isolement social, recherche de solitude, dépendance élevée, yeux rouges et globuleux...

PORNOGRAPHIE (porn, cul, sexe, fion, boule, baise...)
- représentation par écrits, dessins, peintures, photos, vidéo, cinéma, chansons... de choses obscènes, à caractère sexuel en particulier, destinées à

Hoooo
TSSSSSSSSssss
AAAAa

être communiquées au public et qui provoque une poussée d'adrénaline ressentie dans le ventre et dans les organes génitaux, une sécrétion de testostérone, d'ocytocine, de dopamine et de sérotonine
- se regarde, se fantasme...
- éducatif, puissant excitant avec flashs et euphorie,
- perturbation de la vie courante, sentiment de culpabilité, impression de cercle vicieux, recherche permanente de nouveauté, difficultés de concentration, isolement social et sexuel, accoutumance, sentiment de peur, de honte et de colère, dénaturation des relations sexuelles, sexualisation de la société, besoin plus ou moins important d'assister à des scènes sexuelles en général.

TABAC (clope, tige, béda, bige, cancerette, caporal, cibi, cibiche, cousue, cibigeoise, goldo, grillante, garlouci, malbiche, p4, périodique, piquette, seche, sibijoite, tampax…)
- plante dont les feuilles, après séchage, sont mises à fermenter pour obtenir un goût spécifique.
- 5€
- stimulant, anxiolytique et coupe-faim, socialisant, apaisement, aidant à la concentration
- augmentation de la pression artérielle et du rythme cardiaque, détérioration des artères, risques vasculaires (cerveau et membres inférieurs), troubles respiratoires, bronchites chroniques, risques de cancers (poumon, bronches, bouche, œsophage, vessie, col de l'utérus, estomac), limitation de l'apport d'oxygène au cerveau et aux muscles, maux de tête, vertiges, dépendance physique et psychique, irritabilité, angoisse, tremblements, sueurs, troubles cutannées, mauvaise haleine, fringues qui puent, l'appart aussi, perte du goût, jaunissement des dents...

TÉLÉVISION (Téloche, boîte, boîte noire, télé ...)
- boîte équipée d'un tube cathodique, dispositif d'affichage inventé par Karl Ferdinand Braun permettant la réception d'images animées
- gratuit ou presque
- s'allume (s'éteint, donc)
- effet immédiat et dissipation immédiate
- relaxation, neutralisation du stress, évasion et enrichissement personnel, sentiment d'appartenance sociale, peut être distrayant ou instructif
- stimulation continuelle de la « réponse d'orientation » (face aux changements d'images rapides et permanents, le cerveau tente d'en savoir plus et de s'adapter en permanence pendant que le corps reste en attente, d'où la difficulté extrême de se détacher du petit écran), frustration, érosion de l'esprit critique, abrutissement, passivité, emprise visuelle, éloignement social et familial, pupilles dilatées, infantilisation, syndrome du « baby-sitter électronique », mise en état léthargique progressive du corps, dépendance, accroissement du sentiment de narcissime et de complaisance, augmentation de la virtualisation du monde, risque élevé de manipulation mentale, prise de poids, risques d'obésité, de diabète et de maladies cardio-vasculaires dans certains cas, facteur de sédentarité, baisse de production de mélatonine, tendance à l'hypnose, ralentissement de l'activité cardiaque, sensation de manque, apparition de fourmis dans les jambes.

TÉLÉPHONE PORTABLE (portable, mobile, bigo, bigorno, bigozome, biniou, carillon, coin-coin, cornet, cornichon, grelot, phone, tel, ronfleur, tube, tutu…)
fréquences comprises entre 800 et 1800 MHz émises et reçues par un appareil dans le but de permettre à deux personnes de communiquer alors qu'elles ne sont pas en présence l'une de l'autre.
- se décroche, se raccroche
- effet immédiat après connexion et dissipation immédiate après coupure
- sentiment d'appartenance, réduction de la solitude, élimination des distances, convivialité sociale, transmission rapide d'informations
- marchandisation et tarification de la communication humaine (parler devient payant), perte de mémoire, migraine, fatigue, dépression, et apparition précoce de la maladie d'Alzheimer, risques possibles mais peu probables de cancers, échauffement dû à l'absorption d'énergie, dépendance très élevée

JEU
- contrat aléatoire par lequel deux ou plusieurs parties s'engagent à remettre une chose ou une somme d'argent sous la forme d'une activité organisée par un système de règles définissant un succès ou un échec, un gain ou une perte.
- 1€
- plaisir, excitation, détente, divertissement, richesse potentielle rapide, illusion d'un monde meilleur, d'une vie facile, évasion, sentiment de puissance, goût du hasard
- troubles physiques, émotifs, spirituels, professionnels, dépression, alcoolisme, toxicomanie, idées suicidaires, impulsion irrépressible, dépendance, problèmes financiers, risque de surendettement, de faillite, propension au mensonge, troubles du comportement, risque d'isolement, fatigue, absentéisme, humeur instable, culpabilité, perte d'estime de soi, insomnie, perte d'appétit, perte d'énergie, maux de tête, ulcères d'estomac.

VITESSE, SHOPPING, ARGENT, POUVOIR, TUNNING…
et…

PLANTES PSYCHOACTIVES dites plantes maitres (Ayahuasca, peyote, san pedro, Iboga)
- plantes enseignantes, tools, la plante, la liane, le cactus magique, la boisson des dieux
- classé dans les plantes modificatrices de conscience
- de gratuit à 100 € la séance.
- effet entre 10 et 30 min après l'absorption, durée variable entre 2h et toute la vie (attention effet obélix** possible).
- modification profonde de la perception de soi, de la réalité, de la relation à la nature. (bref, en général une grosse claque).
- effets indésirables : rester scotché de l'autre côté de la réalité ; toujours prendre ce type de plantes avec des guérisseurs expérimentés sinon gros bad trip possible (effet obélix inversé).

** la désintoxe, c'est pour les lacheurs*
*** effet obélix : persistance de l'effet aprés disparition dans l'organisme des constituants de la potion.*

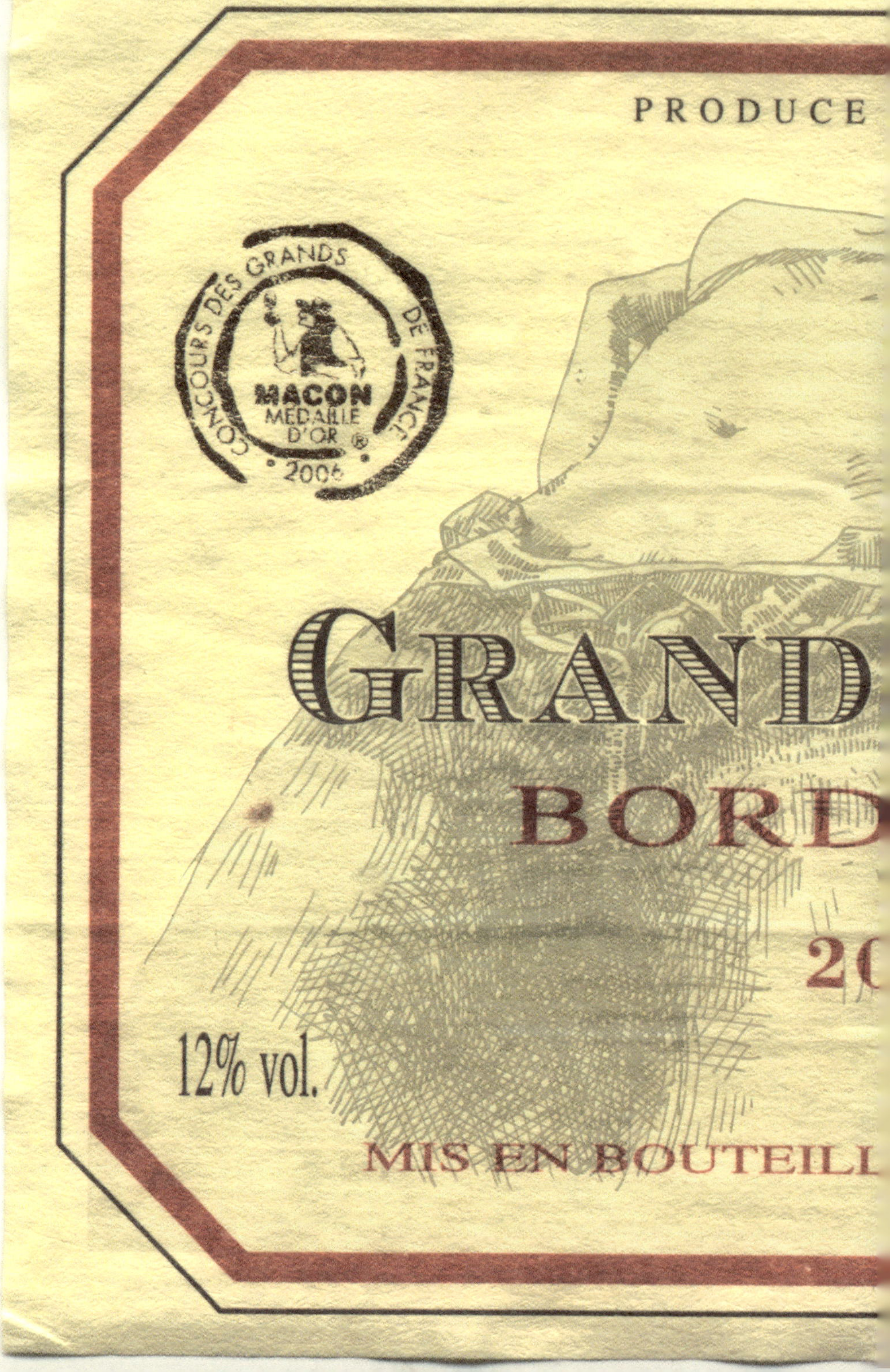
PRODUCE
CONCOURS DES GRANDS DE FRANCE
MACON
MEDAILLE D'OR ®
2006
GRAND
BORD
20
12% vol.
MIS EN BOUTEILL

F FRANCE
DÉSIR
EAUX
05
75 cl
E A LA PROPRIÉTÉ

The power of choice

The power of choice

The power of choice

The power of choice

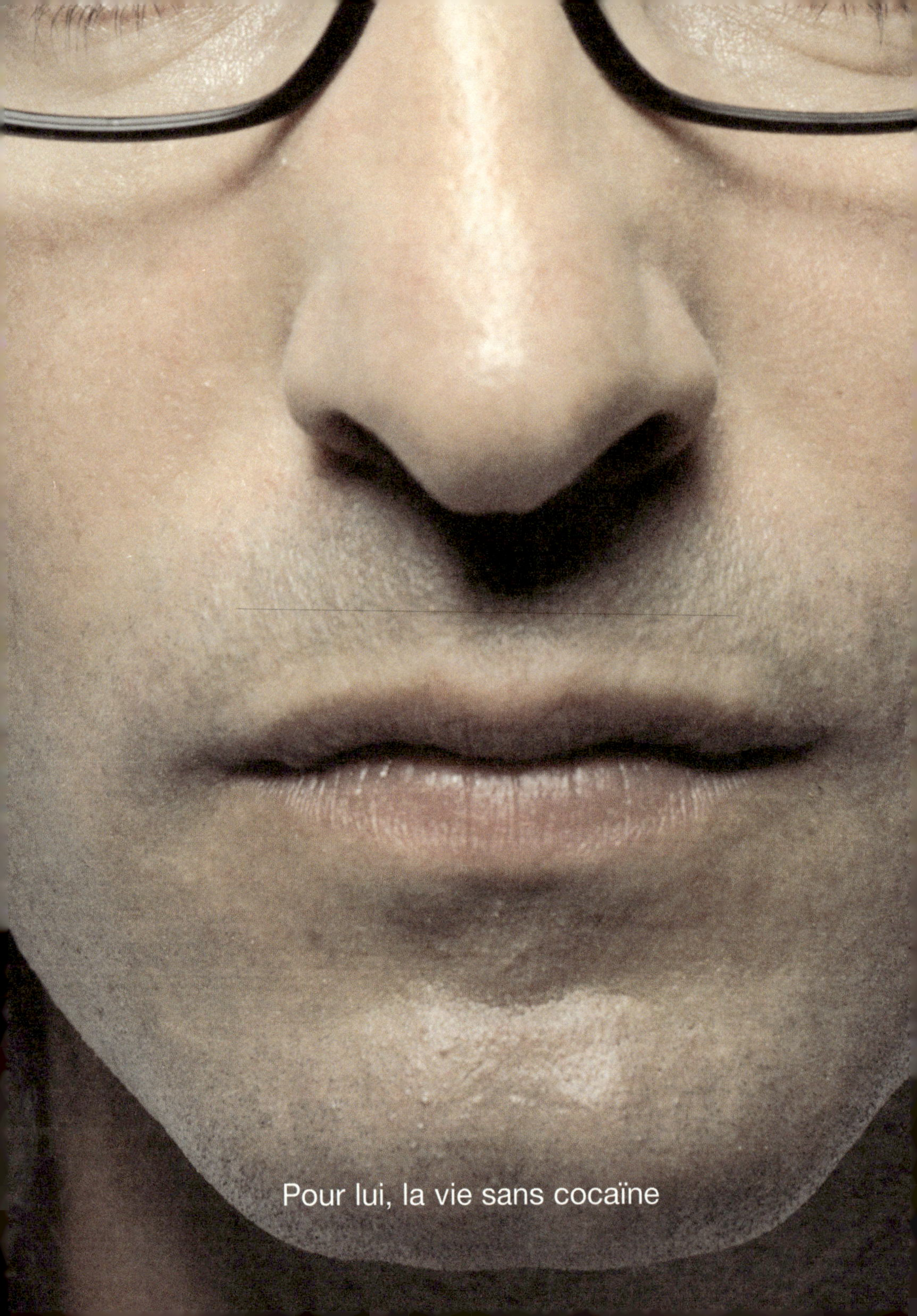
Pour lui, la vie sans cocaïne

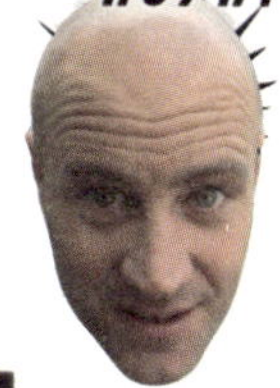

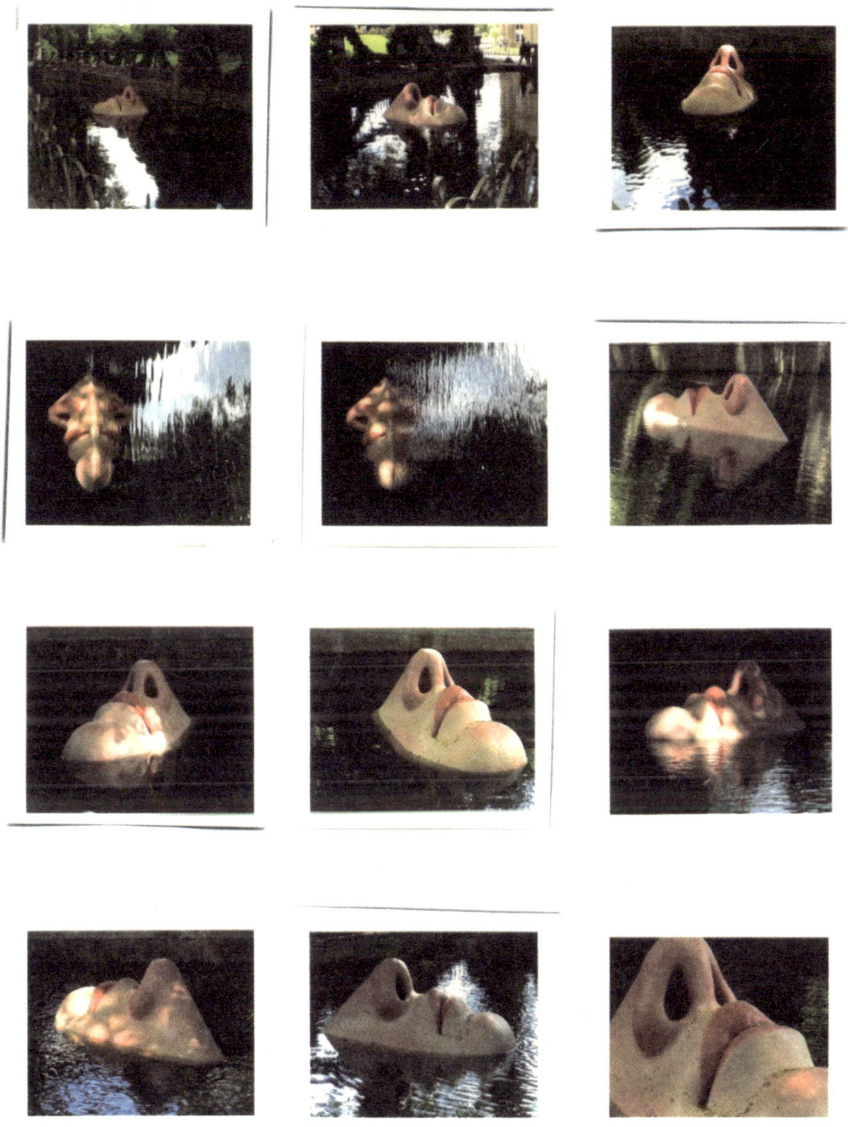

est une découverte.

amiga
TIMES UP

amiga
TIMES UP

TIMES UP
amiga

TIMES UP
amiga

CATALOGUE DE

de Mademoiselle

TARIF 1915 ANNULAN

Branlette ordinaire, une seule main...... 33 sous
Avec chatouille des coulisses........... 1.75
Petit doigt dans le trou du cul, en plus.. » 50
Le médium...................... 12 sous
Balsage en levrette avec liquette....... 5 85
— — sans liquette........ 5.45
— à Poil........................ 5.95
Dans le lit tout à fait.................. 6 »

Minette le soir........................ 3 »

15 centimes en plus pour la bougie

Balsage dans le lit, le premier coup..... 4.50
Les autres, en plus pour chaque coup.... » 50
Après minuit, en plus................ » 10

Il sera fait une concession de **Un franc** si l'on ne se sert pas de lumière.

Gougloutage du poireau avec pression de la main.................... 3.50
Ne se retirant pas, tout dans la bouche.. 4 »

Je ferai remarquer en passant, que ce suçage n'est pas cher, car beaucoup de femmes n'ont pas le cœur assez ferme pour supporter l'arrivée du sperme et se retirent au moment psychologique, ce qui gâte tout le plaisir.

Avec moi rien à craindre, je ne quitte le BARbitras que lorsqu'il ne verse plus de pleurs.

BRANLAGE

Une fois déshabillé, mouche, de laquelle v une fois dans la baign de votre gnien-gnien vous posez la mouche

La pauvre bestiole t terrain ferme, ayant t el'e n'ose se jeter à l' continuel chatouilleme sir qui l'entraine à la

---

69, ou tête bègue su
Langue dans le trou
(très
69, la femme sur l'ho

Si la minette est bie coup à l'œil pa

Voyage en terre jaun
— —

SAVONNETTE

Bien enduire le boy que les accessoires, v ce qui amène une joui

Au savon de Marseill
— **du Congo.**
Le même, avec de la

69 — Rue du

PRIX D'AMOUR

rcelle LAPOMPE

OUS LES PRÉCÉDENTS

MOUCHE

attrapez une grosse
ılevez les ailes, puis
us faites sortir la tête
ous décalottez, puis
.
autour, cherchant un
s peur de se noyer;
nt et si bien que son
ue l'effusion du plai-

os. . . . . 3 »
en plus. . . . . 1 »
dé)
. . . . 1 75

, je laisse tirer un
oit minetteur.

la bonne . . . 4.90
le garçon . . . » 95

IALE RUSSE

uteur de savon, ainsi
tez des deux mains,
très douce.

. . . . 3 »
. . . . 3.75
à poêle . . . . . » 45

PISSETTE SUR LA QUEQUETTE

L'homme est assis sur la chaise, les jambes bien allongées, la femme à cheval dessus, l'orifice de son chnoque tout près du membre visiteur, l'homme tenant la femme à deux mains par les flancs à la hauteur des hanches.

En faisant une brusque pression il arrête le jet à sa volonté, jusqu'au moment où n'en pouvant plus, il se jette dans l'antre humide de plaisir.

PRIX 5.45

Avoir soin de faire boire quelques canettes de bière à la femme.

Minette bout à bout l'homme entre les jambes de la femme 3.05

On peut demander le concours de la bonne qui vous fait feuille de rose, ou autrement dit ventouse dans le trou du cul, ce qui est très savoureux.

UN Franc les cinq minutes

Branlage à la main droite . . . . » 10
– chaud . . . . » 10
Chauffage au Gaz . . . . » 05

SUÇAGE A LA MENTHE

Avant de vous faire glouglouter le poireau, faire sucer une pastille de menthe à l'opératrice. Délicieuse sensation de cuisson.

at-Noir — 69

MPP
MASTER PLANTS POWERED

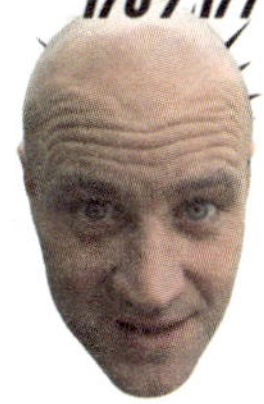

ANACONDA
AIRLINES

promo
sur l'expansion
de conscience
et
le voyage astral
jusqu'en 2012

gratuit!
mort symbolique

A ONE WAY TRIP....

to another
perception
of reality.

FR

SOCIET
FREE

Au fait, la pub co-finance au
la mise en valeur et la restau
toriques, les fouilles archéolo
scientifique et industrielle,
universitaires, des millions d
presse, les programmes de
humanitaires, le sponsoring d
artistiques (le théâtre, les con
les expositions…), la reche
ment du tourisme spatial, le
les régions rurales, la promo
la défense de l'environnem
d'immeubles, la contribution
tien au secteur de l'imprime

ssi le métro, le mécénat,
ation de monuments his-
giques, l'aide à la recherche
a construction de campus
emplois dans le monde, la
télévision, les contributions
e manifestations culturelles et
certs, les festivals, le cinéma,
che médicale, le développe-
maintien du lien social dans
on de la pratique d'un sport,
ent naturel, la réhabilitation
a l'intégration sociale, le sou-
e, le soutien aux minorités…

En 2006, aucune réglementation ne protège encore le consommateur contre le matraquage d'un même message, plusieurs dizaines de fois dans la semaine. Or, à ce rythme, la répétition de messages inchangés au téléphone ou dans la rue ouvrirait le droit à une plainte pour harcèlement, délit reconnu et sanctionné.

C. pén., art. L. 222-33-2.

Le harcèlement moral est puni d'un an d'emprisonnement et d'une amende de 15 000 euros.

Pour ne plus recevoir de publicité par courrier :

• Demandez votre inscription sur la liste ROBINSON - STOP PUBLICITE (inscription gratuite) en écrivant à : Union française du Marketing Direct : Liste stop publicité, 60 rue de la Boétie - 75008 Paris.

• Demandez au 1014 (appel gratuit) à être inscrit sur la liste ORANGE, ce qui interdit à France Télécom de communiquer vos coordonnées à d'autres entreprises.

Commandez l'autocollant « Stop Pub » à placer sur votre boîte aux lettres : http://www.universnature.com/stop-pub/boite-aux-lettres-pub.html#Anchor-11481

RÉPUBLIQUE FRANÇAISE
MINISTÈRE DE L'INTÉRIEUR
POLICE NATIONALE

SERVICE

1

PROCÈS - VERBAL

DESTINATAIRE

AUTORITÉ JU... E A

CADRE RÉSERVÉ AU SER...

- [ ] SURENDETTEMENT
- [x] HARCÈLEMENT PUBLICITAIRE
- [ ] DÉCEPTION COMMERCIALE
- [ ] MENSONGE ÉHONTÉ
- [ ] TENTATIVE D'ESCROQUERIE
- [ ] EXTORSION DE FONDS

ODE INSEE U SERVICE	DÉPARTEMENT	COMMUNE	N° DU SERVICE

.V. N° ______ / ______
AFFAIRE : contre X
PIÈCES JOINTES : ______

TRANSMIS : à MONSIEUR LE PROCUREUR DE LA RÉPUBLIQUE

Date : ______

Nom : ______

Qualité : ______
SIGNATURE DU CHEF DE SERVICE

Imp. ST 3075 J 4-80

2

L'an mil neuf cent quatre-vingt deux mille huit

le 1 janvier à 00 heures 04

Nous général sunshine bambi

[x] Officier [ ] Agent de Police Judiciaire, en fonction à PARIS 8

dressons procès-verbal de la plainte ci-dessous

3

PLAINTE (L'ÉTAT-CIVIL DU PLAIGNANT DOIT ÊTRE RELEVÉ SUR UNE PIÈCE D'IDENTITÉ OFFICIELLE)

SERVICE DE RÉCEPTION DE LA PLAINTE accueil psychiatrie — DATE ET HEURE 00h52

PRÉNOM, NOM, GRADE DU RÉDACTEUR général sunshine bambi

ÉVENTUELLEMENT NOM DE JEUNE FILLE SUIVI DU NOM D'ÉPOUSE ET PRÉNOMS

Je soussigné (e) jacqueline baudin

né(e) le 11 aout 1957 à Angoisse 24270

nationalité française profession de gauche — TÉLÉPHONE X

demeurant oui

DÉPOSE PLAINTE CONTRE INCONNU POUR LES FAITS RELATÉS

REMPLIR LA RUBRIQUE VICTIME SI LE PLAIGNANT AGIT POUR LE COMPTE D'AUTRUI

VICTIME	NOM ET PRÉNOMS (OU RAISON SOCIALE) la plaignante	PROFESSION des fois
ADRESSE	oui	oui
CODE POSTAL ET COMMUNE	24270	TÉLÉPHONE
DATE EXACTE OU PRÉSUMÉE	JOUR - MOIS - AN - HEURE OU MOMENT OU ENTRE LE ... ET LE ... le 1 janvier 2008 00h02	
NATURE DU JOUR	L [M] W J V S D ind [ ] VEILLE DE FÊTE LÉGALE OU CONGÉS SCOLAIRES [ ] PÉRIODE DE FÊTE LÉGALE OU CONGÉS SCOLAIRES [x] JOUR DE FÊTE OU DE MANIFESTATION LOCALE	
LIEU INFRACTION	DÉPARTEMENT - COMMUNE - ADRESSE partout	
	NATURE DU LIEU	(EX. VOIE PUBLIQUE, GARAGE, PARKING...) partout
VÉHICULE	MARQUE - MODÈLE - NATURE - COULEUR - N° D'IMMATRICULATION tous	
OBJETS VOLÉS	NATURE DE LA FAMILLE (EX. DOCUMENTS D'IDENTITÉ, OUTILLAGE, VÊTEMENTS ...) libre arbitre	
	DÉCRITS SUR P.V.	[ ] NON [ ] OUI
PRÉJUDICE DÉCLARÉ	MONTANT DU BUTIN inestimab — MONTANT DES DÉGATS inestimab'	ASSURANCE — N° DE POLICE le 17

RAISON SOCIALE ET ADRESSE DU SIÈGE DE LA COMPAGNIE

MODE OPÉRATOIRE

[x] PORTIÈRES RESTÉES OUVERTES [x] UTILISATION DE FAUSSES CLEFS [x] SERRURE DE PORTE FORCÉE [x] COFFRE FORCÉ [x] VOLET DÉFLECTEUR FORCÉ

DÉGRADATION VOLONTAIRE DU VÉHICULE

[x] PAR INCENDIE [x] PAR ARME À FEU [x] PAR AUTRE MOYEN [x] VITRE BRISÉE OU ENLEVÉE [x] CAPOTE COUPÉE OU ENLEVÉE

AUTRE MODE OPÉRATOIRE À DÉCRIRE CI-DESSOUS

PRÉCISIONS COMPLÉMENTAIRES

NOMBRE ET SIGNALEMENT DES AUTEURS - DESCRIPTION DES OBJETS VOLÉS ... (AVEC FILIATION SI PIÈCE D'IDENTITÉ)

99f ! à la télé, à la radio, dans le journal, dans la rue, sur les routes, dans les céréales... La plaignante dit que l'agression est partout, permanente, lente et visqueuse. Son libre-arbitre a craqué, elle ne sais plus quoi faire, quoi penser, quoi acheter, quoi jeter, quoi faire à manger, quoi se mettre, quoi rever, quoi dire ... La plaignante déclare que " de toute façon, le bouquin est nul et le film à chier, alors les kounen et les beigbeder, ça va maintenant !"

LECTURE FAITE PERSONNELLEMENT PERSISTE ET SIGNE AVEC NOUS

CONSTATATIONS EFFECTUÉES - DÉGATS CAUSÉS AU VÉHICULE - ÉLÉMENTS D'ENQUÊTE EXPLOITÉS

99 francs, paru aux éditions Grasset et en poche, aux éditions Gallimard collection Folio, page 222

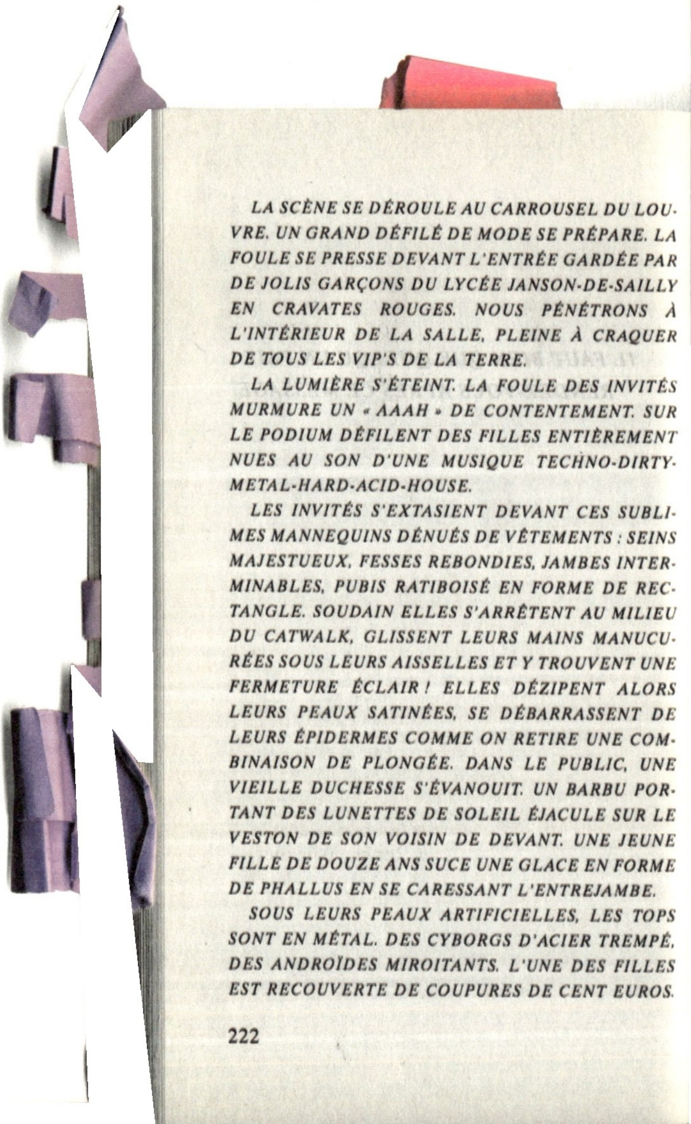

LA SCÈNE SE DÉROULE AU CARROUSEL DU LOUVRE. UN GRAND DÉFILÉ DE MODE SE PRÉPARE. LA FOULE SE PRESSE DEVANT L'ENTRÉE GARDÉE PAR DE JOLIS GARÇONS DU LYCÉE JANSON-DE-SAILLY EN CRAVATES ROUGES. NOUS PÉNÉTRONS À L'INTÉRIEUR DE LA SALLE, PLEINE À CRAQUER DE TOUS LES VIP'S DE LA TERRE.

LA LUMIÈRE S'ÉTEINT. LA FOULE DES INVITÉS MURMURE UN « AAAH » DE CONTENTEMENT. SUR LE PODIUM DÉFILENT DES FILLES ENTIÈREMENT NUES AU SON D'UNE MUSIQUE TECHNO-DIRTY-METAL-HARD-ACID-HOUSE.

LES INVITÉS S'EXTASIENT DEVANT CES SUBLIMES MANNEQUINS DÉNUÉS DE VÊTEMENTS : SEINS MAJESTUEUX, FESSES REBONDIES, JAMBES INTERMINABLES, PUBIS RATIBOISÉ EN FORME DE RECTANGLE. SOUDAIN ELLES S'ARRÊTENT AU MILIEU DU CATWALK, GLISSENT LEURS MAINS MANUCURÉES SOUS LEURS AISSELLES ET Y TROUVENT UNE FERMETURE ÉCLAIR ! ELLES DÉZIPENT ALORS LEURS PEAUX SATINÉES, SE DÉBARRASSENT DE LEURS ÉPIDERMES COMME ON RETIRE UNE COMBINAISON DE PLONGÉE. DANS LE PUBLIC, UNE VIEILLE DUCHESSE S'ÉVANOUIT. UN BARBU PORTANT DES LUNETTES DE SOLEIL ÉJACULE SUR LE VESTON DE SON VOISIN DE DEVANT. UNE JEUNE FILLE DE DOUZE ANS SUCE UNE GLACE EN FORME DE PHALLUS EN SE CARESSANT L'ENTREJAMBE.

SOUS LEURS PEAUX ARTIFICIELLES, LES TOPS SONT EN MÉTAL. DES CYBORGS D'ACIER TREMPÉ, DES ANDROÏDES MIROITANTS. L'UNE DES FILLES EST RECOUVERTE DE COUPURES DE CENT EUROS.

222

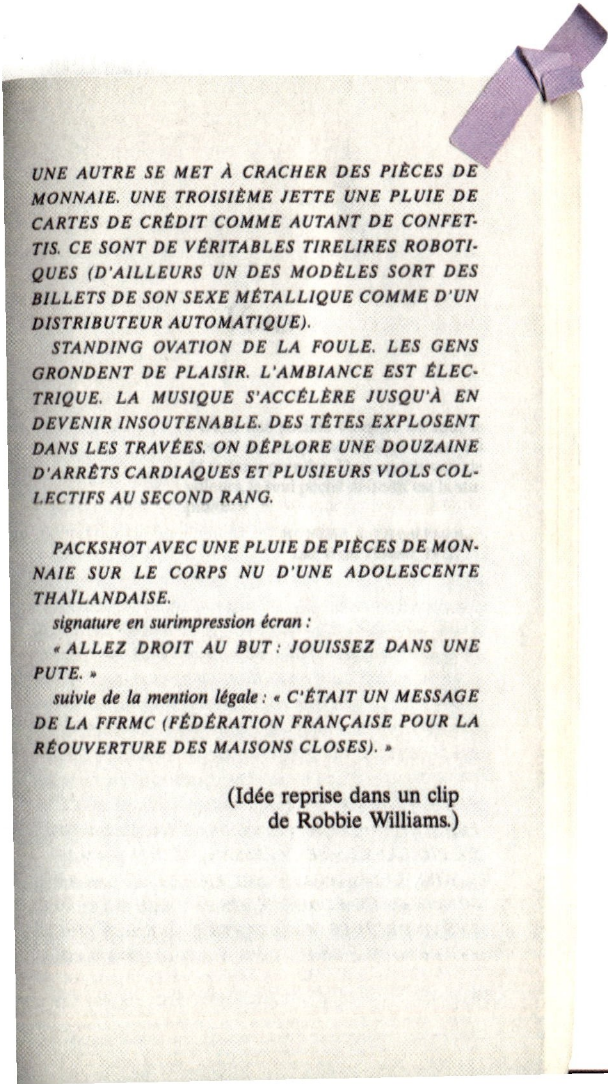

UNE AUTRE SE MET À CRACHER DES PIÈCES DE MONNAIE. UNE TROISIÈME JETTE UNE PLUIE DE CARTES DE CRÉDIT COMME AUTANT DE CONFETTIS. CE SONT DE VÉRITABLES TIRELIRES ROBOTIQUES (D'AILLEURS UN DES MODÈLES SORT DES BILLETS DE SON SEXE MÉTALLIQUE COMME D'UN DISTRIBUTEUR AUTOMATIQUE).

STANDING OVATION DE LA FOULE. LES GENS GRONDENT DE PLAISIR. L'AMBIANCE EST ÉLECTRIQUE. LA MUSIQUE S'ACCÉLÈRE JUSQU'À EN DEVENIR INSOUTENABLE. DES TÊTES EXPLOSENT DANS LES TRAVÉES. ON DÉPLORE UNE DOUZAINE D'ARRÊTS CARDIAQUES ET PLUSIEURS VIOLS COLLECTIFS AU SECOND RANG.

PACKSHOT AVEC UNE PLUIE DE PIÈCES DE MONNAIE SUR LE CORPS NU D'UNE ADOLESCENTE THAÏLANDAISE.

signature en surimpression écran :

« ALLEZ DROIT AU BUT : JOUISSEZ DANS UNE PUTE. »

suivie de la mention légale : « C'ÉTAIT UN MESSAGE DE LA FFRMC (FÉDÉRATION FRANÇAISE POUR LA RÉOUVERTURE DES MAISONS CLOSES). »

(Idée reprise dans un clip
de Robbie Williams.)

EXPOSITION
impressions numériques
séquence vidéo/son
ÉDITION
MONDIALE™ BEB-DEUM
SPRING SUMMER AUTUMN WINTER OF MY MULTI RACIAL LIFE
MONDIALE™
LE PRODUIT MÉTIS

CHRISTOPHER D. CONDAMNÉ

« Par jugement du 16 juin 2007, le président du tribunal de commerce du ministère de la Culture et du Divertissement a condamné le graphiste “Christopher D.“ pour avoir porté atteinte à l’intégrité visuelle et au droit à l’image de La Joconde (aka Mona Lisa) dans le manifeste du film “99 Francs“ sortie le 15 août 2007 et tiré du best-seller du même nom. »

Dernière minute : Mobilisation de l’intelligentsia française pour soutenir Christopher D. Scandalisé par cette flagrante atteinte aux droits de l’homme moderne, des écrivains dans le vent comme, Max Gallo, Gonzague Saint-Bris ou Frédéric de Beigbeder ont unanimement condamné cette condamnation comme il se doit.

Vous pouvez vous aussi soutenir cet artiste incompris en visitant son site où il défend une approche avant-gardiste et décomplexée du bricolage. www.bricology.net

C R É D I T S

IMAGE COUVERTURE ET PAGE 1 (cerveau) : conception visuelle : **Thierry Gounaud.** Photo: **Olivier Borst**. Model-making : **Agnès Marin**. Retouches : **Frédéric Verhoye.**

2ᴱ DE COUVERTURE (COUVERTURES DES DIFFÉRENTES ÉDITIONS DU ROMAN 99 F) : **Photo DR**

3ᴱ DE COUVERTURE : PROJETS D'AFFICHES POUR LE FILM 99F. **Thierry Gracia / Nuit de Chine par plaisir**, photos **Bernard Benant**.

BEB-DEUM www.beb-deum.com : 104 - 105 / 106 - 107 / 108 - 109 / 175 - 176.
Pour l'équipe déco de 99 F, le film : 002 - 003 / 180 - 181 / 182 - 183 / 184 - 185.

CHRISTOPHER DOMBRES. www.bricology.net : 025 / 084 - 085 / 089 / 131 / 133 / 136 - 137 / 138 / 150 / 161 / 162.

ARNAUD ROTH COMPOSITION : 111.

THIERRY GRACIA, CONCEPTION RÉALISATION (POUR L'ÉQUIPE DÉCO - 99 F, LE FILM) **:** 012 - 013 / 020 / 034 / 062 - 063 / 118 - 119 / 120 - 121 / 118 / 151 / 154 - 155 / 168 - 169 / 3ᵉ de couverture.

SYLVAIN ORDUREAU, RODOLPHE GOMBERGH, DR OLIVIER AMI, PHOTOS RAYON X : 076.

FREDDISH PAPRITZ (ÉTIQUETTE) myspace.com/freddish : 156.

PHOTOS DR : 034 / 080 - 081 / 100 - 101 / 102 / 110 / 134 - 135 / 174 - 175 / 196.

NUIT DE CHINE PAR PLAISIR GRAPHISME : 152 - 153 / 3ᵉ de couve.

BERNARD BENANT, www.bernardbenant.com PHOTOS **:** 014 - 015 / 016 - 017 / 088 / 154 - 155 / 168 - 169 / 170 / 172 - 173 / 152 - 153.

NOBRAIN : 021.

SHUTTERSTOCK : 017 / 022 - 023 / 066 - 067 / 086 - 087 / 090 - 091 / 098 - 099 / 103 / 114 - 115 / 122 - 123 / 126 / 129 / 144 - 145 / 199.

JOE LA POMPE www.joelapompe.net «le site des publicitaires distraits» : 024.

NASA : 149.

SIMON ALLIX PHOTOS : 028 - 029 / 032 - 033 / 036 / 040 / 044 / 052 / 058 - 059 / 068 - 069 / 0723 073 / 074 - 075 / 080 - 081 / 091 / 094 / 116 - 117 / 146 - 147 / 148 / 158 - 159 / 160 / 196 / 200.

JEAN-LUC PLANCHE PHOTOS : 030 - 031 / 078 - 079 / 094 / 171 (création de Lotta Hannerz, exposition "Human Size" au Jardin du Luxembourg) / 196.

ADRIEN BLANCHAT RETOUCHES PHOTOS : 037 / 041 / 045.

JAN KOUNEN DESSINS : 054 - 055 / 056 - 057 / 092 - 093.

TIFENN AUBERT CONCEPTION GRAPHIQUE : 058 - 059.

JAN KOUNEN PHOTOS : 077 / 162 / 164.

ANNE PARIS PHOTO : 196.

ÉDITIONS GRASSET, ÉDITIONS GALLIMARD, COLLECTION-FOLIO : 190.

TOUTES LES IMAGES CRÉÉES PAR ET/OU POUR L'ÉQUIPE DÉCO DU FILM 99 F ONT ÉTÉ RÉALISÉES SOUS LA DIRECTION ARTISTIQUE DE MICHEL BARTHELEMY, CHEF DÉCORATEUR DU FILM

©

frédéric beigbeder : [fRədəRik Bɛgbede] 1965, de *beigbeder* qui signifie « belle vue » en patois béarnais et *chasteigner de la roche-posay* qui signifie « vieille aristocratie remontant aux croisades » en bottin mondain. 1. obsédé textuel à tendance cynico-romantique, schizo-parano-pédophile junky de mots, futur académicien barbu, rebelle d'hôtels particuliers. 2. ancien concepteur-rédacteur licencié par Young & Rubicam, histrion audiovisuel, acteur de bad trips, dialoguiste stagiaire, disc-jockey alcoolique, G.O. culturel sur Canal +, critique littéraire au magazine *Playboy*. 3. amoureux sadique, père de famille gâteux.

jan kounen : ['jan kunɛn] n. m. - 1964 est la date de son émergence dans la dimension présente / créature corse - hollandaise vertébrée. 1. explorateur et filmeur de réalités alternatives en transe-ciné 2. par extention... Ayahuasquero, Cinéaste, Pydjhaman, Saltimbanque... *akon shaman*.*

** c'est cool.*

simon allix : [simč aliks] n. m. - 1972, du viking et, par extension, *de Saint-Clair*, six petits monts en forme de croix. 1. Esprit de l'image fixe et mobile. 2. Combinaison du nombre d'or et d'un sandwich à la viande de yak crue, sans colorant. 3. Lumière vive et furtive du nord de l'Italie, *Berbottino*.

jean-luc planche : [ʒɑ̃lyk plɑ̃ʃ] n. m. - 1970, de *planche* et *pommier-petit*. 1. Petit singe d'Amérique du Sud à longue queue, ouistiti. 2. Réaliser, construire, fabriquer, créer, faire : du ski, de la voile, de la course, de la prod, de la poésie, de la pub, zazen, du son, des trois feuilles, des photos, des bouquins, des grimaces... 3. FAM. Touiller, remuer, agiter (une pâte, un liquide) par extension. *Touiller la salade*. 4. Qui vit surtout par la pensée, par l'esprit. « *Le sérieux, ce symptôme évident d'une mauvaise digestion.* » (Nietzsche)

Frédéric tient à dédier ce livre à Tatjana rencontrée il y a deux ans en discothèque à Saint Barth.

Jan remercie Vahina Giocante, Jean Dujardin, Ilan Goldman, Anne Paris, India Coenen, Thierry Gracia, Michel Barthelemy et toute l'équipe déco de 99 F, Thierry Gounaud, Dominique Bettenfeld, Nicolas Marié, Jocelyn Quivrin, Antoine Basler, la No Brain team pour leurs sensibles post it sexués, Patrick Tanguy et Nuit de Chine par plaisir, toute l'équipe de 99 F, et tous les autres que nous avons oublié dans l'urgence dubouclagedeceputainmerdeçaplanteencorelafrappepuuuutaiinnnsije-
f a i s p a s g a f f e l e l i v r e v a s o r t i r c o m m e ç a .

Simon remercie Jan, Fred, Jean-Luc, Jean Dujardin, Tifenn, Priscila Telmon, Beb deum, Christophe Dombres, Adrien Blanchat, Freddish, Arnaud Roth, Éric Poupy, Julie Merle, Emeraude Nicolas, Vincent Pérennès, Lutin, bébé Carlos-Akash Stahly, Uma-Louise-Madison, Les éditions Télémaque.

Jean-Luc remercie le big bang, giacometti, la moindre des choses, henri camille planche de granieu, ta teuch, lucien ginzburg, les filles, nietzsche, blondin, pee wee herman, le sel et le vinaigre, negril, le mouvement alternatif qui va de l'appétit au dégoût et du dégoût a l'appétit, les grenadines, la laitue à 0,50, la pipe à cent balles, 16 hectares bretons flottants, taisen deshimaru, le bleu, aye-tiounz, ta longueur d'onde, la france, le général, le maroille, le mazerolle, le caillou dans la chaussure et l'aiguille dans la botte de foin, la ligne 4, jim carrey, umami, les oiseaux en bois, les cages scintillantes, les blier de père en fils, mon sacré coeur, nouille-ork-siti, bill, les david, le potentiel érotique, les arbres, louis de funès pour sa collaboration précieuse et permanente, la vie, encornet et trottinette, les entresols, simon, fred et jan, les collisions d'oiseaux, les bpm, les idées d'idées, la moutarde à l'ancienne, les rêves devenus réalité, les garçons, pierre boule, les tapettes à tapette, l'absence, capitaine flam, ta position sur ma liberté, sartre, claire gourié, l'ami emir, les gueules d'ahuris, les dingos, la baguette magique de campagne aux trois céréales, le guillaume rouvery, le premier pas, le dernier mot, reykjavik, nina simone, l'ombre précédente, les bonnes et les mauvaises réponses, les trains de nuit, ted striker, toi, moi, nous, la curiosité sélective, ta langue autour de ma langue, elaine dickinson, steven mc crosky, dr rumack (et encore bravo), capitaine rex kramer, capitaine clarence oveur, roger murdock, l'origine du beau, les r'nards, les r'kins et les s'crétaires, l'imaginaire accueillant, marie, ayumi et uma, le peuple et le steak tartare, kobayashi issa, mon téléphone, tes pieds nus, les épices, la fonction time shot, tout catamaran, la concordance des temps et la correspondance des trains, la mangue cubaine et filandreuse, le chiffre zéro, le tout et son contraire, l'escalator, les guitares saturées, l'accélération cardiaque, les papillons dans le ventre, le delirium, sunshine bambi, la bonne étoile (cheers), ray, le strict maximum, voltaire, les quarts, kim carnes quelque part, le kérosène, les fautes de liaison, les sauteuses, le grand huit, l'oiseau tête baissée de manhattan sans lequel rien de tout ça n'est arrivé.

Les éditions Télémaque remercient Olivia Nora, Vahina Giocante, Jean Dujardin, l'ensemble de la production 99 F, Thierry Gracia, Bernard Benant, Beb deum, Christopher Dombres et Adrien Blanchat.

BILAN ÉCOPROMOTIONNEL DE CE LIVRE :

Droits d'auteurs* *(selon les ventes)*	de 8 à 15 %, soit de **1,52 à 2,84** €
Marge brute éditeur *(selon la part reversée aux auteurs)*	de 18 à 11%, soit de **3,41 à 2,01**€
Fabrication *(composition, correction, photogravure, impression)*	19%, soit **3,60** €
Frais de distribution, commission libraires	55%, soit **10,42** €
Taxes *(TVA à 5,5%)*	**1,04** €
TOTAL	**19,99** € **TTC**
Publicité 0%	**0** €

** L'intégralité des droits d'auteurs de Jan Kounen sont reversés à l'association «Spirit of the Anaconda», ceux de Frédéric Beigbeder à Greenpeace.*

7, rue Pérignon, 75015 Paris
www.editionstelemaque.com
ISBN : 978-2-7533-0050-7

Achevé d'imprimer en France
par l'imprimerie Mame, à Tours
Dépôt légal : octobre 2007
n° d'édition : 0716/01
n° d'imprimeur : 07062114